Cultivando el Alma
Tomo II
Silvia Castellanos

Título: *Cultivando El Alma* (Tomo II)
Autor: Silvia Castellanos
Editores: Nelson Garay / Alexander Castellanos
Fotografía y diseño de portada y contraportada: Erick García

Para mayor información:
Teléfonos: (562) 295-8192 – (503) 2278-8350 – (503) 7374-3358
Email: silviacaste@gmail.com
Con atención a: Silvia Castellanos

DEDICATORIA

Dedicó este libro a mis dos adorados Nietos: **Sara Alejandra y Mario Alexander Castellanos Rosas**, quienes con su venida a este mundo cambiaron y alegraron mi vida. Ser abuela es una experiencia maravillosa.

Que **«Cultivando el Alma Tomo II»,** les llene a mis nietos de alegría, de parte de su Abuela quien les Ama hasta la Eternidad.

Con amor eterno;

Silvia Castellanos

AGRADECIMIENTOS

Las palabras se quedan cortas en mi pensamiento, al expresar en este **Segundo Tomo** de «**Cultivando El Alma**», el agradecimiento que de mi corazón brota, con eterna gratitud, para mi Amado Esposo **Alexander Castellanos**, quien con mucha delicadeza, ha escudriñado y corregido cada Artículo gramaticalmente, a fin de que la dulzura de cada lectura no pierda su sabor. Gracias Esposo mío, que has sido en todo tiempo la persona indicada para darme ánimos y palabras sazonadas para finalizar y publicar este Segundo Tomo.

Expresó mi gratitud a mi yerno **Nelson Garay**, por arreglar técnicamente cada Artículo y publicarlos cada semana. A mis tres hijas: **Sara, Vanessa y Ligia** por ser mis primeras lectoras.

Gracias a mi hermano **Ignacio Bárcenas**, quien tuvo a bien aceptar mi invitación de escribir el prólogo, el cual anima a que los lectores de cada reflexión degusten los pensamientos que expreso con el sabor que proporcionan las buenas letras, las cuales van impregnadas de la viva y permanente Palabra de Dios.

Les amo en Cristo Jesús.

Con eterna gratitud;

Silvia Castellanos
Julio 2019

CONTENIDO

INTRODUCCIÓN

«Con Cristo estoy juntamente crucificado, y ya no vivo yo, mas vive Cristo en mí; y lo que ahora vivo en la carne, lo vivo en la fe del Hijo de Dios, el cual me amó y se entregó a sí mismo por mí». (Gálatas 2:20 VRV).

«Cultivando el Alma», **TOMO II,** continúa siendo una colección de artículos, todos siguen siendo escritos basados en mis experiencias de vida como mujer cristiana y experiencia adquirida en mí trabajo misionero al lado de mí esposo.

El libro contiene un prólogo, el cual nos introduce en la historia y pensamiento de la autora. El cuerpo del libro se divide en 81 artículos distribuidos en 8 capítulos.

En cuanto al lenguaje, hay ciertos aspectos que aparecen en el libro tales como: Juegos de palabras, expresiones populares o palabras más cultas, contiene también poesías, referencias a letras de canciones y coros, pero especialmente citas bíblicas, tomadas de la versión (Reina Valera 1960).

Cada artículo que conforma el libro, contiene un consejo positivo y reflexivo para el lector, tomando como base el consejo bíblico.

El libro está dirigido a cristianos, pero también a lectores que busquen cultivarse tanto en el aspecto moral como espiritual.

La Biblia ha sido mi principal inspiración para escribir este libro y transmitir una enseñanza positiva, con el propósito de Cultivar el Alma a mis lectores. Esperando sea de mucha bendición, y deje un importante aprendizaje en su vida.

Silvia Castellanos

PRÓLOGO

Esta colección de artículos es una obra importante que Este libro contiene un amplio número de artículos prácticos de aplicación inmediata a la vida cotidiana. El lector disfrutará cada ensayo y al leer el índice estará como la persona a la que le ponen enfrente una caja con chocolates de muchos tamaños formas y colores. Lo mejor viene cuando le dicen que se los puede comer todos, pero de a uno en uno. El lector no solo disfrutará la lectura, también enriquecerá su vida espiritual.

Silvia es una escritora innata que se ha formado a través de los años sirviendo en la obra del Señor Jesús al lado de su amado esposo. Sus años de trabajo en la viña del Señor le han dado un profundo entendimiento sobre la vida en general pero muy especialmente la vida espiritual.

Silvia se enriquece al observar pequeños detalles que al individuo común le son irrelevantes, pero ella los analiza y los presenta de tal forma que nos deja sorprendidos por su agudeza de pensamiento y por su sencillez para presentarlos en forma escrita.

Cada artículo enriquecerá la vida espiritual del lector y le desafiará a vivir de una forma más excelente y más cercana al Señor Jesús. Por tal motivo es un honor para un servidos escribir este prólogo.

Deseo que sus almas sean alimentadas y logren una cercanía más profunda con nuestro Señor Jesucristo.

Ignacio Bárcenas MA, LPC-S
Ministro / Consejero profesional

Capítulo 1
«Bendice alma mía a Jehová»

¿CÓMO ESTÁ TU CORAZÓN?

Un corazón enfermo revela varias manifestaciones las cuales nos alertan con luz roja que debemos tener una cita con el Cardiólogo. Podría ser algo tan simple, así como cuando nos vemos los pies hinchados, esto puede revelar que estamos reteniendo líquidos; podría ser que nuestro corazón no esté bombeando suficientemente fuerte la sangre como para arrastrar y llevarse los desechos fuera de los tejidos.

Cuando tenemos un corazón enfermo, ya sea de odio, de desprecio, o de todos los frutos de la carne, también estamos en luz roja. Nos urge tener seriamente una cita con el que puede sanar nuestro corazón, no podemos andar deambulando por el mundo ante tales condiciones, no puede usted mi hermano(a) andar salpicando a la hermandad con su amargura, con su odio que destila por doquier, arrastrando de esta manera tan fuera de los parámetros de Cristo a todo el que le preste sus oídos. *«¿Aún tenéis endurecido vuestro corazón?»*. (Marcos 8:17).

El famoso cantante George Harrison, expresa en una de sus canciones, llamada *«Give me Love»*, (*«Dame Amor»*). *«Dame amor, dame amor, dame paz en la tierra, dame luz, dame vida,   libérame desde el nacimiento. Dame esperanza, ayúdame a hacer frente con esta pesada carga, tratando de tocar y llegar a ti con corazón y alma»*.

Esta canción arrancó del público multitud de lágrimas, lo triste es que a este hombre lo veían como un dios, como sigue sucediendo con muchos. ¡Qué letra!, cómo pudo expresar a plena luz que su corazón estaba agonizando, igual que el de su público.

¿Por qué, no elevar una oración con un corazón limpio y humilde ante el Creador de nuestros corazones, suplicándole que sane nuestro corazón para poder acercarnos a Él? Es una verdadera tristeza espiritual.

Un hombre sabio tiene ojos grandes, orejas grandes y lengua chiquita. No nos portemos como necios. «*Dice el necio en su corazón: No hay Dios. Se han corrompido, hacen obras abominables; no hay quien haga el bien*». (Salmos 14:1).

En una de las bienaventuranzas, la cual muchos hemos disertado a todo pulmón, se deja ver claramente esa limpieza de corazón de Nuestro Amado Señor Jesucristo. «*Bienaventurados los de limpio corazón, porque ellos verán a Dios*». (Mateo 5:8).

No podremos ver el cielo con un corazón enfermo de pecado, pero sí podemos limpiarnos para poder gozarnos. Dios no hará nada si no lo queremos, pero se complacerá cuando con humildad nos acerquemos a Él.

Los cristianos que hemos obedecido sus mandamientos, somos de un mismo Padre, tenemos un mismo Espíritu, y nos gozamos en una misma esperanza. «*Y la multitud de los que habían creído era de un corazón y un alma; y ninguno decía ser suyo propio nada de lo que poseía, sino que tenían todas las cosas en común*». (Hechos 4:32).

NUNCA TE OLVIDARÉ

Esta frase es tan fuerte, además maravillosa, porque la expresamos desde lo más profundo de nuestro ser. Se la decimos por supuesto a alguien que ha sido muy especial en nuestras vidas, que nos ha marcado dejándonos una huella cuando esta persona parte a la presencia de Abraham. Y esto me acaba de suceder, uno de mis ancianitos, un hermano viudo, que no tenía quién por él. Sin embargo, siempre fue mi preferido, cada mes se le daba más de la canasta básica. Tenemos en la iglesia un ministerio llamado MANÁ PARA ANCIANOS, y mi amado hermano era uno de los beneficiados, ya que era el único viudo. Él estaba muy enfermo, se le hacía difícil respirar, tenía enfisema pulmonar, y vivía siempre con su inhalador. La última vez que lo vi me tomé una foto con él, le decía lo importante que era para mí, y él vivía muy agradecido conmigo.

Si amamos a nuestros seres queridos digámosle que los amamos en vida, dice un pensamiento: «Regálame las rosas ahora que puedo olerlas». Y otro que expresa: «En vida hermano, en vida...» Siempre le preguntaba qué le gustaría comer, se me invade mi corazón al recordar lo que me pedía, pues él era tan humilde de alma como en su vestimenta, que sólo me decía que quería queso duro para comer con frijoles. Él era un pobre campesino, que cuando se le terminaron las fuerzas ya nadie le dio trabajo, y se enfermó de sus pulmones por cocinar con leña, él solito se hacía su comidita. La última vez que llegó a la iglesia me dijo, ya sin poder hablar, que había llegado porque se había tomado un vaso de agua con unas cáscaras de tigüilote, o sea de un árbol, eso me conmovió las fibras de mi alma, por supuesto que era su fe tan grande que lloré mucho, me dio una gran lección de fe.

Una vez él me dijo, que nunca lo fuera a dejar, aunque me contarán cosas negativas de él, yo le aseguré que yo le amaba mucho y que nunca le iba a dejar, era como un niño, que ve a sus padres que se separan, y se sienten inseguros porque piensan que los van a dejar a ellos también. Me decía siempre que oraba mucho por mí. Cuando estaba agonizando hablé por teléfono a una hermana que había llegado a verlo, y le puso el teléfono, y yo le dije que lo quería mucho, mi hermana me dijo que él se alegró mucho y pronunció: «GRACIAS HERMANA SILVIA...» Él murió un 31 de diciembre a la 7:30 de la mañana; fue motivo de que la iglesia pasara ese día cantando, orando, y escuchado Palabra de Dios.

El siguiente día, 1º de Enero, le dimos el adiós, pero con la esperanza de que todos los cristianos fieles un día estaremos juntos para siempre con nuestro Señor. ¡Cómo necesitamos vivir una vida llena de fe, puesto los ojos en el invisible. Ya que para Dios la muerte de los santos es estimada! «Estimada es a los ojos de Jehová La muerte de sus santos». (Salmos 116:15).

Frecuentemente recuerdo a MARÍA la Madre de Jesús, qué duro todo el sufrimiento que ella tuvo que pasar, el presenciar el maltrato del que fue objeto su Hijo. Les imploro que siempre tengamos una palabra dulce para nuestro prójimo, especialmente para los de la familia en la fe. Para nuestros ancianitos, les suplico que tengamos mucha paciencia con ellos, pues tarde o temprano estaremos en esa misma edad, y necesitaremos una palabra de amor y de esperanza.

He aquí palabras alicientes para nosotros de parte de Jesús, que fueron para los discípulos pero las alcanzamos por ser parte del remanente escogido. «*No se turbe vuestro corazón; creéis en Dios, creed también en mí. En la casa de mi Padre muchas moradas hay; si así no fuera, yo os lo hubiera dicho; voy, pues, a preparar lugar para vosotros*». «*Como el Padre me ha amado, así también yo os he amado; permaneced en mi amor*». «*He aquí yo vengo pronto, y mi galardón conmigo, para recompensar a cada uno según sea su obra*». (Juan 14:1-2; 15:9; Apocalipsis 22:12).

Con todo mi amor para que cada día cultivemos nuestra alma. En memoria de mi muy amado hermano en la Fe: **DOMINGO RAMOS**.

EL REMANENTE

Todos entendemos esta palabra, ya que si la usamos en nuestras finanzas, en nuestro tiempo, en los cultivos, siempre nos sobra algo, a eso se le llama «remanente». Cuando nuestro Amado Señor Jesucristo multiplicó los panes y los peces, le sobró un remanente. «*Y comieron, y se saciaron; y recogieron de los pedazos que habían sobrado, siete canastas*». (Marcos 8:8).

Cuando hablamos del remanente de Dios, nuestro pensamiento se transporta al Antiguo Pacto, ya que nosotros el pueblo de Dios, los redimidos, formamos parte del remanente escogido por nuestro Dios que tuvo gran misericordia de nosotros en la persona de su amado Hijo, que se dio en sacrificio por nosotros pagando por nuestros pecados para que nos quedáramos sin culpa.

Esto es UN DON DE DIOS. Evidentemente que siempre este remanente se ha destacado por su noble corazón entregado a Dios, de allí que todo aquél que no viva conforme a la voluntad de Dios respetando las leyes divinas no puede considerarse parte de ese remanente.

El pueblo de Dios sacado de la servidumbre de Faraón, salió victorioso porque la mano de Jehová estaba con él, celebró la pascua en el desierto todos juntos, y con el temor que se apoderaba de ellos de la pesadilla que habían vivido. Pero pronto olvidaron cuando tuvieron que emprender el viaje, fue allí donde comenzaron a revelarse contra Dios, allí se perdió buena parte del pueblo que airosos habían dejado la servidumbre, comenzando a protestar contra Dios.

El remanente se iba manteniendo pues se conservaban en el temor de Dios, aunque experimentaron el cautiverio por otras naciones. Una de las oraciones de Esdras desgarra el alma cuando alza su mirada al Creador. *«Desde los días de nuestros padres hasta este día hemos vivido en gran pecado; y por nuestras iniquidades nosotros, nuestros reyes y nuestros sacerdotes hemos sido entregados en manos de los reyes de las tierras, a espada, a cautiverio, a robo, y a vergüenza que cubre nuestro rostro, como hoy día. Y ahora por un breve momento ha habido misericordia de parte de Jehová nuestro Dios, para hacer que nos quedase un remanente libre, y para darnos un lugar seguro en su santuario, a fin de alumbrar nuestro Dios nuestros ojos y darnos un poco de vida en nuestra servidumbre».* (Esdras 9:7,8).

Qué hermoso cuando nuestro corazón nos indica que fuera de Dios no podemos realmente ser felices, no hay como gozar de la tranquilidad que solo viene cuando estamos dispuestos a caminar el camino que Dios nos muestra. *«Oh Jehová Dios de Israel, tú eres justo, puesto que hemos quedado un remanente que ha escapado, como en este día. Henos aquí delante de ti en nuestros delitos; porque no es posible estar en tu presencia a causa de esto».* (Josué 9:15).

Nosotros no somos cualquier sobra, cualquier restante, somos un pueblo escogido por Dios. Su Remanente que cada vez crece porque por agradecimiento y mandamiento de ÉL, no dejamos de hablar de Él. *«También Isaías clama tocante a Israel: Si fuere el número de los hijos de Israel como la arena del mar, tan sólo el remanente será salvo; porque el Señor ejecutará su sentencia sobre la tierra en justicia y con prontitud. Y como antes dijo Isaías: Si el Señor de los ejércitos no nos hubiera dejado descendencia, Como Sodoma habríamos venido a ser, y a Gomorra seríamos semejantes».* (Romanos 9:27-29). Solamente el remanente de Dios será recogido. Comportémonos como especiales de esta promesa. «Así también aun en este tiempo ha quedado un remanente escogido por gracia». (Romanos 11:5). **SOMOS SU PUEBLO ESPECIAL.**

EL TELÉFONO

Desde que Antonio Meucci, un inmigrante Italiano inventó el teléfono, este ha venido evolucionando cada vez más, a tal grado, que ahora todo el mundo está comunicado, desde la persona que madruga a vender en los mercados de verduras y la canasta básica, el ejecutivo que desde ese aparatito resuelve algunos o muchos de sus compromisos con empresas, hasta el niño que va a la escuela para decirle a sus padres que ya se encuentra en su aula de estudio.

Nunca pasó por mi mente tal evolución tan trascendental que ahora gozamos del buen servicio que nos da, por supuesto, usándolo con responsabilidad. Qué gran beneficio nos dejó este hombre que por NO tener dinero, no patentó este invento, crédito que se llevó hasta la tumba Alexander Graham Bell. ¡Cosas de la vida mis amados!

Qué Bendición la que gozamos los hijos de Dios que para comunicarnos con ÉL, no tenemos necesidad de un teléfono, de una línea, de un número, de una antena, ni de un servidor empresarial.

El primer hombre se comunicaba con Dios de una manera tan pura, ya que no había pecado, sus primeras palabras con el hombre fue lo que expresa Génesis 2:16,17. *«Y mandó Jehová Dios al hombre, diciendo: De todo árbol del huerto podrás comer; mas del árbol de la ciencia del bien y del mal no comerás; porque el día que de él comieres, ciertamente morirás»*. Una comunicación entendible para el hombre y estricta a la vez.

Así como la tecnología celular ha evolucionado, de igual manera evolucionó la comunicación de Dios para con el hombre. Así como muchas veces se deterioran las amistades a través del celular, así también la comunicación de Dios con el hombre cambió por su desobediencia desmedida. *«Mas Jehová Dios llamó al hombre, y le dijo: ¿Dónde estás tú? Y él respondió: Oí tu voz en el huerto, y tuve miedo, porque estaba desnudo; y me escondí»*. (Génesis 3:9,10).

Sin embargo, Dios no dejó al hombre a la deriva, se comunicó a través de un hombre que era de su agrado, este hombre fue Noé, fue el elegido por Dios para guardar la creación del impacto diluviano. *«Estas son las generaciones de Noé: Noé, varón justo, era perfecto en sus generaciones; con Dios caminó Noé... Mas estableceré mi pacto contigo, y entrarás en el arca tú, tus hijos, tu mujer, y las mujeres de tus hijos contigo»*. (Génesis 6:9,18).

Ahora gozamos de una comunicación los hijos de Dios a través de nuestro Amado Señor Jesucristo. Humanamente hablando, todos podemos comunicarnos, sin embargo, no todos somos oídos, esto es cuando existe un deterioro en el aparato celular que usamos, o también en el de la persona receptora. Igualmente cuando no estamos haciendo lo que agrada a Dios nuestra comunicación se estropea. *«Y sabemos que Dios no oye a los pecadores; pero si alguno es temeroso de Dios, y hace su voluntad, a ése oye»*. (Juan 9:31).

Que Dios nos ayude a ser transparentes delante de ÉL para poder gozar de una comunicación sin estorbos. Cuál es nuestro número para llamar a Dios. «Clama a mí, y yo te responderé, y te enseñaré cosas grandes y ocultas que tú no conoces». (Jeremías 33:3). Cuando busquemos el auxilio de Dios, que nuestro número sea Salmos 50:15. «E invócame en el día de la angustia; Te libraré, y tú me honrarás».

GPS

Un día de paseo con una hermana en Texas, nos fuimos a Corpus Christi. Cuando emprendimos el viaje, vi que la hermana anotaba una dirección en un aparatito, y le pregunté para qué era, cuál era su función, y me respondió que nos llevaría al lugar de destino. GPS en inglés significa Global Positioning System, (Sistema de Posicionamiento Global). Es un sistema que permite determinar en toda la tierra la posición de un objeto, una persona, o un vehículo, con una precisión sorprendente. En lo personal me impactó este aparatito pues lo que indagué después, es que funciona mediante una red de 24 satélites en órbita sobre el planeta tierra a 20,200 Km de altura, con trayectorias sincronizadas para cubrir toda la superficie de la tierra. ¡Sorprendente! Otro éxito para el hombre. Aun con alta tecnología en un momento fallan, para que no se engrandezca, ya que Perfecto solamente es EL que hizo en 6 días los cielos y la tierra.

El nos ha dado un GPS perfecto llamado ESPÍRITU SANTO, el nos guía, nos consuela y nos revela toda la verdad de Dios, nuestras vidas están plasmadas en esa verdad, cuando la escudriñamos con el verdadero deseo de indagar cuál será nuestro destino final. Es triste cuando decimos que el Espíritu Santo mora en nosotros pero NO procedemos conforme ÉL desea guiarnos. *«De manera que yo, hermanos, no pude hablaros como a espirituales, sino como a carnales, como a niños en Cristo... porque aún sois carnales; pues habiendo entre vosotros celos, contiendas y disensiones, ¿no sois carnales, y andáis como hombres?»*. (1ª Corintios 3:1,3). No se estaban comportando como el mapa divino les estaba guiando.

A veces el Espíritu Santo no quiere que hagamos algo, y debemos reaccionar espiritualmente, sí, en verdad ÉL nos dirige. Pablo es prueba fehaciente de que NO hizo lo que quería aunque fuera bueno. En uno de sus viajes intervino para que no lo realizara. *«Y atravesando Frigia y la provincia de Galacia, les fue prohibido por el Espíritu Santo hablar la palabra en Asia; y cuando llegaron a Misia, intentaron ir a Bitinia, pero el Espíritu no se lo permitió»*. (Hechos 16:6,7). El Espíritu Santo también le vaticinó lo que le pasaría en Jerusalén. Hay que ser muy entregado como para obedecer ante lo inesperado que está lleno de peligro. *«Ahora, he aquí, ligado yo en espíritu, voy a Jerusalén, sin saber lo que allá me ha de acontecer; salvo que el Espíritu Santo por todas las ciudades me da testimonio, diciendo que me esperan prisiones y tribulaciones. Pero de ninguna cosa hago caso, ni estimo preciosa mi vida para mí mismo, con tal que acabe mi carrera con gozo, y el ministerio que recibí del Señor Jesús, para dar testimonio del evangelio de la gracia de Dios»*. (Hechos 20:22-24).

Llegamos a nuestro destino guiadas por el GPS, que nos decía adonde cruzar, a la derecha o a la izquierda. La hermana hacía todo lo que el GPS le decía. Tuvimos un día maravilloso.

Obedezcamos al Espíritu Santo que mora en nosotros ya que su único interés es guiarnos a Nuestra Morada Final.

¿A QUÉ HUELE TU CASA?

Cuando era adolescente vivía en un cuarto de una sola pieza, me encantaba mantenerlo siempre aseado, me gustaba el olor a limpio, no tenía muchas cosas, y eso hacía que se me hiciera mantenerlo de aspecto brillante. Ponía en la entrada de la puerta, una pieza de tela para que se limpiaran los zapatos. No tenía mucho éxito, lo cual me hacía pasar continuamente el trapeador. Por cierto, en la casa que actualmente vivo desde ya hace treinta años, me agrada mantenerla lo más limpia que sea posible.

Ahora existen tantos líquidos para limpiar y así de esta manera dejar una casa con un agradable olor. Esto trae a mi memoria una casa que se llenó de perfume, cuán agradable debió haber sido y muy cara esa fragancia, para que despertara en la mente de los que en ella estaban.

Había un personaje muy especial fuera de serie, que merecía un perfume de incalculable valor. Una cena fue el preámbulo para que se diera esta mística escena donde la protagonista fue una bella y acongojada mujer.

Esta mujer sin mediar palabra, sin preguntar ¿puedo hacerlo?, comenzó su ceremonia de gratitud para su Maestro, al cual debía todo su agradecimiento desbordante desde lo más íntimo de su corazón. Pues, además de que era su amigo, nada menos, le había resucitado a su amado hermano Lázaro. Felizmente, lo volvió de la muerte a la vida. *«Entonces María tomó una libra de perfume de nardo puro, de mucho precio, y ungió los pies de Jesús, y los enjugó con sus cabellos; y la casa se llenó del olor del perfume».* (Juan 12:3).

Cuál era el propósito de aquella mujer de exquisita belleza en enfocarse en aquel personaje de Galilea, en derramar desde la cabeza hasta los pies en completa devoción un frasco de alabastro perfumado de alto precio. *«Entonces Jesús dijo: Déjala; para el día de mi sepultura ha guardado esto».* (Juan 12:7).

En el Corazón de esta mujer ardía la gratitud para con el Maestro, pero además presentía desde entonces el gran dolor que sentiría de su partida.

Esta mujer, María, quedó para recordatorio de todos los seguidores del que sería azotado, burlado, y clavado en una cruz. Ella siempre sería parte de las páginas de esta ceremonia que hizo que toda la casa se llenara de un perfume incomparable. Marcos elocuentemente lo destaca. *«De cierto os digo que dondequiera que se predique este evangelio, en todo el mundo, también se contará lo que ésta ha hecho, para memoria de ella».* (Marcos 14:9).

¿A Qué Huele Tu Casa? Tengamos cuidado de que Nuestras Casas sean un lugar donde Nuestro Salvador sea exaltado en gran manera. Donde siempre derramemos un frasco de alabastro de buenas obras, así como también derramarlo hacia afuera.

UNA VIDA TRANSFORMADA

Hoy en día existen diversas clases de cosméticos, desde una simple crema milagrosa, hasta llegar a la sala de operaciones donde muchas personas de uno u otro sexo, quieren quitarse los años pasando por el famoso bisturí, quieren una transformación de su aspecto físico, pues las arrugas les delatan sus verdaderos años. El costo tanto en lo económico como en el aspecto físico, es lo que menos tiene un lugar en sus pensamientos, con tal de lograr quitarse en su apariencia unos pocos años.

Definitivamente, casi todas las personas que optan por esta cirugía cosmética, quedan transformadas, unas en monstruo porque lo que Dios diseñó es perfecto y no tiene comparación, somos la corona de la Creación.

Sin embargo, tal consecuencia no detiene a las personas interesadas en quitarse o ponerse lo que le afecta en su edad por ir en contra de la naturaleza, no es algo que oculte su verdadera edad. Distinto es cuando el cuerpo se deteriora por un accidente y que necesariamente se tiene que recurrir a este tipo de cirugía.

Qué significa transformar, según el diccionario: «Dar forma o aspecto distinto a una persona o cosa». (Diccionario Grijalbo).

La Palabra de Dios nos habla de una transformación, y es la que todo ser necesita, y es a la que lamentablemente restamos importancia. La mujer que nos describe el libro de Proverbios es un vivo ejemplo que ella tanto tenía en su mente, al grado que no descuidaba nada de su casa ni de su entorno. Cuando se le da importancia a la vida espiritual no cabe la insatisfacción en cuanto a cómo Dios me hizo, talvez como Lea que no era agraciada, pero hizo lo que pudo con Jacob por ser parte de la vida de un hombre de Dios. *«Y los ojos de Lea eran delicados, pero Raquel era de lindo semblante y de hermoso parecer».* (Génesis 29:17).

Que nuestra preocupación debe ser el interno, de donde procede todo lo justo y honesto. *«No os conforméis a este siglo, sino transformaos por medio de la renovación de vuestro entendimiento, para que comprobéis cuál sea la buena voluntad de Dios, agradable y perfecta».* (Romanos 12:2).

En el cielo no veremos a la Miss Universo, ya que ellas están más interesadas en su aspecto físico que en su interior. Llevemos con dignidad nuestros años de acuerdo a la cronología de la vida. De acuerdo a lo que realmente es conforme los años se nos vienen encima.

El misterio que Pablo nos habla es una hermosa realidad la cual espero ocuparme siempre con temor y temblor en las cosas sagradas. *«He aquí, os digo un misterio: No todos dormiremos; pero todos seremos transformados...»* (1ª Corintios 15:51).

EL PÚLPITO

¡Qué lugar tan delicado y muy ansiado por muchos! Hay hermanos que se molestan porque no los dejan dar una predicación o clase, y esto es porque muchas veces no es ese su don. El que está usando un púlpito tiene una gran responsabilidad ministerial única.

La verdad es que no hay justo ni aún uno, pero hay hombres de Dios que se han preparado para la enseñanza de la Palabra, y son los que deben usar correctamente el púlpito, ya que desde ese lugar enseñan y fortalecen al pueblo de Dios. *«Toda la Escritura es inspirada por Dios, y útil para enseñar, para redargüir, para corregir, para instruir en justicia, a fin de que el hombre de Dios sea perfecto, enteramente preparado para toda buena obra».* (2ª Timoteo 3:16-17). Estos hombres tienen que ser ejemplos primero en sus hogares, qué triste es cuando la esposa no le presta atención al esposo porque en su casa es otra persona, ya en mis 47 años de caminar con Cristo, he conocido un poco de irrespetuosos, que por no perder un sostenimiento, aparentan una falsa cristiandad, son dignos de lástima, como el rico, que pregunta, ¿cómo heredar la vida eterna? Era un mentiroso al decir que todo eso lo había guardado, y era un miserable tacaño, avaro. Otros usan el púlpito para desangrar al hermano, ya que por cobardía no tienen el valor de confrontarlo a solas si tienen problemas con él. Eso es no saber trazar la Palabra, ya que existen métodos espirituales para solucionar cualquier situación. *«Porque el siervo del Señor no debe ser contencioso, sino amable para con todos, apto para enseñar, sufrido;...»* (2ª Timoteo 2:24). A mis 16 años me convertí a mi Señor, mi predicador era elocuente, era un Apolos, cuando predicaba me sentía en el cielo, más que comenzaba a conocerlo, no me perdía ni una clase bíblica, sobre todo el día domingo, a pesar que llegué a la iglesia de un ambiente católico por mi madre y mi abuela, buscaba el primer asiento para escucharle mejor. Era una verdadera delicia para mí. El era una persona preparada teológicamente para ocupar ese lugar.

Qué delicado es el púlpito, porque ese lugar es sagrado, ya que desde ellos se diserta el mensaje de Dios. *«Procura con diligencia presentarte a Dios aprobado, como obrero que no tiene de qué avergonzarse, que usa bien la palabra de verdad».* (2ª Timoteo 2:15). El púlpito de Jesús, no era elaborado con madera de Acacia, ni de Cedro, ni de Cortez Blanco, ni de Cristal, como el que está en la Catedral de Cristal en California. NO mis amados, el púlpito de Jesús eran las montañas, los ríos, las barcas, y el último fue una cruz, que desde allí enseñó el sermón más sublime, lleno de dolor, de amor, de entrega. *«Y Jesús decía: Padre, perdónalos, porque no saben lo que hacen...»* (Lucas 23:34).

Aprendamos a usar el púlpito en las iglesias de Cristo con el ejemplo que nos dejó nuestro Señor Jesucristo. Primero prepare su corazón, alma y mente, pero sobre todo viva de acuerdo a lo que enseña. Ese es el mejor SERMÓN. No imite a Diótrefes, no se comporte como él, sino que siempre siga los pasos de Jesucristo quien es el que nos Juzgará. Nunca olvide la sencillez y la humildad con la cual Jesús enseñaba y era fuerte, porque la autoridad de ÉL era la Verdad. *«He aquí yo vengo pronto, y mi galardón conmigo, para recompensar a cada uno según sea su obra. Yo soy el Alfa y la Omega, el principio y el fin, el primero y el último. Bienaventurados los que lavan sus ropas, para tener derecho al árbol de la vida, para entrar por las puertas en la ciudad. Mas los perros estarán fuera, y los hechiceros, los fornicarios, los homicidas, los idólatras, y todo aquel que ama y hace mentira».* (Apocalipsis 22:12-15).

LA MÚSICA

La música es un sentimiento que ha trascendido todos los estándares del ser humano. A quién no le gusta la música, evidentemente que sólo a los muertos, ellos ya no sienten. Dios nos hizo armoniosos, se ha escuchado alguna vez su corazón, se ha sentido el pulso en sus muñecas. Yo no puedo escuchar una canción sin que mis pensamientos y emociones se alteren o se relajen; desde una buena pieza clásica como Carmina Burana, hasta, una romántica, el cuerpo comienza a moverse por sí solo, me encanta la música, por supuesto la buena música.

Le cuento, al Dios del Antiguo testamento le gustaba la música, y fue una de sus maneras de permitir al hombre que le adorara. También formaba parte de celebrar victorias, como cuando Israel salió de Egipto. *«Y María la profetisa, hermana de Aarón, tomó un pandero en su mano, y todas las mujeres salieron en pos de ella con panderos y danzas».* (Éxodo 15:20). Como cuando Débora celebra la victoria junto con Barac. También cuando David había recuperado el arca del pacto. La música tenía la facultad de calmarlos así como cuando David tocaba para Saúl.

Hoy en día si nos reunimos para una cena entre amigos, qué exquisito es acompañarla con una agradable pieza musical. La música evoca alegría, como cuando el hijo prodigo vuelve a casa. *«Y su hijo mayor estaba en el campo; y cuando vino, y llegó cerca de la casa, oyó la música y las danzas;...»* (Lucas 15:25).

Hay mucha música en estos tiempos que altera los sentidos a personas de todas las edades, a tal grado que ínsita a matar, a endrogarse, y a cometer sexo ilícito, presentándole de esta manera culto a Satanás.

Los Salmos de David eran melodiosos e inspiraban, y todavía lo continúan haciendo, dándole Gloria y Honor a Nuestro Dios. Existían los directores de coros, con el fin de ejecutar alabanzas al Dios soberano. Esto quedó atrás después que el velo se rasgó, ya no podemos usar instrumentos musicales en la adoración a Dios. Dios no lo permite, y si caemos en desobediencia, la desobediencia es pecado, y el pecado me separa de Dios y separado de Dios, no me espera más que el infierno.

No erremos, si queremos mantenernos en la verdad, prediquemos la verdad del Nuevo Testamento, nada más. *«Bienaventurado aquel siervo al cual, cuando su señor venga, le halle haciendo así».* (Lucas 12:43). Ahora ciñámonos en lo que la Palabra nos dice en cuanto a la música. *«La palabra de Cristo more en abundancia en vosotros, enseñándoos y exhortándoos unos a otros en toda sabiduría, cantando con gracia en vuestros corazones al Señor con salmos e himnos y cánticos espirituales».* (Colosenses 3:16).

EL DINERO

Tocaré en este artículo, a Don Dinero, un caballero que debe saber tratarse, de lo contrario nos veremos en una trampa sin salida.

El dinero es un poderoso elemento a nivel mundial, con él se puede construir o destruir; podemos edificar desde orfanatos hasta una lujosa residencia para albergar a aquellos que no tienen un techo, como también nuestras propias casas. El dinero, él solo, carece de valor pues no tiene valor moral propio, pero en manos de los humanos es otra historia, ya que éste define el rumbo que le dará. Como dice Eclesiastés, sirve para todo, cada mes los empleados que reciben su salario, ya lo tienen destinado, para los gastos de sus hogares o lo que ellos planifiquen.

Un escritor salvadoreño en una de sus obras escribió: «*El dinero Maldito*». (Alberto Masferrer). Este escritor enfocaba cómo el obrero del campo se mataba trabajando toda la semana, y el domingo bajaba al pueblo con sus pantalones bien planchados, y en sus bolsas el poco dinero que había ganado, lo gastaba emborrachándose, olvidando por un momento todo el dolor de una semana trabajosa; este escritor decía que ese dinero era maldito, porque con él compraban la bebida que embriagaba sus sentidos hasta quedar como piltrafas humanas en las calles.

En manos de la mujer de Proverbios 31, enfoca la buena administración que debemos darle. Traía pan para su casa, no solamente para su familia, sino que también lo compartía, compraba terrenos para trabajarlos en la siembra, alargaba su mano al pobre y menesteroso. ¡Qué ejemplo! Tenía bien identificado su talento, a tal grado que no había necesidad de preguntarle qué había hecho con su talento, fácilmente comprendemos que lo había hecho producir, no lo había escondido, dejando que se llenara de telas de araña. Qué enorme contraste con el Joven que le pregunta a Jesús, «¿Qué haré para heredar la vida eterna?» que al decirle Jesús: «vende todo lo que tienes y dalo a los pobres», éste se mostró tan miserable que se le notó en su aspecto, pues, tenía mucho dinero. (Marcos 10:17,21).

Es tan poderoso el dinero que muchos prefieren perder sus almas en el infierno que renunciar a él. Esto sucede cuando el dinero ocupa el lugar que sólo a Dios le pertenece. El joven rico nos ilustra que el desprendimiento del dinero no entra en las virtudes de compartir con los necesitados.

Se cuenta una historia que en una ciudad de los Estados Unidos donde vivía el que fuera presidente Abraham Lincoln, un vecino de éste fue atraído por el llanto de unos niños, y va y toca su puerta, y le dice: «Señor Presidente ¿Qué le pasa a los muchachos?» El presidente le dice: «Lo mismo que le pasa a todo el mundo entero.

Tengo tres nueces y cada uno quiere dos». Esto continúa pasando hoy en día. El mundo se está pudriendo de avaricia y codicia. Cada día los ricos se hacen más ricos, y los pobres más pobres. Los ricos insatisfechos porque desean un poco más, y los pobres anhelan ser como los ricos que lo tienen todo.

«Porque todo el que quiera salvar su vida, la perderá; y todo el que pierda su vida por causa de mí y del evangelio, la salvará. Porque ¿qué aprovechará al hombre si ganare todo el mundo, y perdiere su alma?». (Marcos 8:35,36). No es la pobreza la que nos abre el cielo, como tampoco la riqueza la que nos lo cierra. El Joven rico tenía buenas intenciones, pero vender todos sus bienes para seguir a un Maestro despreciado, era un sacrificio demasiado grande. Para este Joven Jesús tenía menos valor que sus riquezas.

Queda claro que lo que Jesús rechaza es la inclinación desmedida a las cosas terrenales. *«Porque raíz de todos los males es el amor al dinero, el cual codiciando algunos, se extraviaron de la fe, y fueron traspasados de muchos dolores».* (1ª Timoteo 6:10). En Nuestros hogares debemos enseñar a nuestros hijos a estar felices con lo que Dios nos ha provisto. *«Sean vuestras costumbres sin avaricia, contentos con lo que tenéis ahora; porque él dijo: No te desampararé, ni te dejaré».* (Hebreos 13:5).

LA HISTORIA SE REPITE

La historia sobre cualquier cosa siempre es importante, pero que se repita, esto será lo bueno de lo trascendental que haya sido en nuestras vidas. La llegada del hombre a la luna fue un suceso crucial en la historia de la humanidad. La Historia es una ciencia social que se encarga de estudiar el pasado de la humanidad, no hay ningún mortal que no tenga pasado, por eso esta palabra se utiliza para definir al período histórico que inicia con la aparición de la escritura incluso para referirse al pasado mismo.

Hay historias indeseables que vuelven a repetirse por la influencia social que nos acorrala, sin embargo, no hay excusas porque tanto usted como yo, somos creados con la bendición del pensamiento, del razonamiento. Es triste cómo el ser humano se embota de poder y accede a hacer decretos que Dios aborrece. Ahora hablo del decreto terrenal que da el derecho que un hombre con otro hombre pueden contraer nupcias. También hablo del que una mujer con otra mujer pueden casarse y jurarse amor eterno. Dios ha creado a un hombre y una mujer. *«Entonces Jehová Dios hizo caer sueño profundo sobre Adán, y mientras éste dormía, tomó una de sus costillas, y cerró la carne en su lugar. Y de la costilla que Jehová Dios tomó del hombre, hizo una mujer, y la trajo al hombre»*. (Génesis 2:21,22).

Hablo con siervos de Dios de tal manera que no nos hagamos los desentendidos ante este problema que está pasando en nuestras congregaciones, por tener miedo a una demanda o a cualquier vituperio, recuerde una cosa muy trascendental: Dios no desprecia su creación, pero si desprecia el pecado, por eso abandonó a su Hijo cuando Éste lo clamo en el monte de los Olivos. Por supuesto no por Su pecado, sino por el pecado de la humanidad. *«Al que no conoció pecado, por nosotros lo hizo pecado, para que nosotros fuésemos hechos justicia de Dios en él»*. (2ª Corintios 5:21).

No es posible que olvidemos el sacrificio de Cristo sometiéndose a la voluntad del Padre. La copa era amarga, cargada de dolor que no tiene parangón con nada de lo que nosotros llamamos dolor. Seamos hombres y mujeres que estamos dispuestos a evitar tragedias espirituales que denigran el sacrificio de Cristo. Hay que combatir, por nuestra propia cuenta, IMPOSIBLE, con la Palabra de Dios, lo que Dios no ha permitido nunca. *«Por tanto, dejará el hombre a su padre y a su madre, y se unirá a su mujer, y serán una sola carne»*. (Génesis 2:24). Lo triste es que también pueden adoptar niños, pobres de ellos, crecerán con una mente que no tiene cabeza ni cola.

Esto no es nuevo, recordemos a Sodoma y Gomorra, recordemos cuando Lot hospedó a los ángeles que por causa de la multitud de pecados de estas naciones Dios les destruiría. Así acabarán todos los que han aprobado estas prácticas inmorales, tanto como los que las practican, no les será fácil lavarse las manos como Pilato, él, como los que crucificaron a Jesús, hicieron lo mismo. No podemos aprobar lo que Dios no aprueba, pues es una aberración para ÉL. Podemos cambiar la historia, si cuando hablamos desde un púlpito decimos la verdad aunque nos lleven a corte, pero dichosos cuando estemos ante la corte celestial por haber dicho la verdad que salva.

La concupiscencia que es el deseo sexual exacerbado o desordenado, es lo que lleva a que se repita la historia, por el desligamiento intenso de no obedecer a las normas de Dios. Queriéndolo convertir en un dios que tolera todo, pero Dios revertió sus pensamientos. *«Por lo cual también Dios los entregó a la inmundicia, en las concupiscencias de sus corazones, de modo que deshonraron entre sí sus propios cuerpos, ya que cambiaron la verdad de Dios por la mentira, honrando y dando culto a las criaturas antes que al Creador, el cual es bendito por los siglos. Amén. Por esto Dios los entregó a pasiones vergonzosas; pues aun sus mujeres cambiaron el uso natural por el que es contra naturaleza, y de igual modo también los hombres, dejando el uso natural de la mujer, se encendieron en su lascivia unos con otros, cometiendo hechos vergonzosos hombres con hombres, y recibiendo en sí mismos la retribución debida a su extravío».* (Romanos 1:24-27). No basta solo orar, hace falta que estemos más decididos a imponernos a lo que Dios NO aprueba. Tenemos el mapa, tenemos la Lámpara, tenemos la Roca, Tenemos al Espíritu Santo, y la iglesia que Cristo compró con precio, SU SANGRE. De nosotros depende que estas personas con tales tendencias cambien. *«...y al que sabe hacer lo bueno, y no lo hace, le es pecado».* (Santiago 4:17).

Capítulo 2
«Él sana todas tus dolencias»

ANGUSTIA

Quién no ha tenido una angustia en esta vida, qué sentimiento más fuerte que no se puede ver, solo se siente, y es necesario prestarle atención pues puede desencadenar en otras ansiedades aún más desesperantes.

Algunos cantautores hasta le han escrito una canción, ya que si se está enamorado y no es correspondido también le causa este sentimiento llamado angustia. Esta canción de Bienvenido Granda fue famosa ya que al oír la canción ahogaban esa sensación. Decía así:

«Angustia de no tenerte a ti, Tormento de no tener tu amor, Angustia de no besarte más, nostalgia de no escuchar tu voz»...

Es precisamente lo que significa Angustia. Es un estado de intranquilidad o inquietud muy intenso causado especialmente por algo desagradable o por la amenaza de una desgracia o un peligro. Significa también aflicción o congoja.

Hoy en día vivimos angustiados por la delincuencia, o por una enfermedad, la inseguridad económica, etc. Conozco a una hermana que vive angustiada por su hijo que está encarcelado, y cuando logra salir vuelve a delinquir, ella vive en una situación muy desgastante emocionalmente hablando.

Como siempre, NO ESTÁMOS SOLOS. Siempre tenemos el auxilio divino. Y Dios siempre nos escucha, qué bueno que está plasmada esta verdad, porque Dios NO MIENTE. A Moisés le dice he oído su clamor y conocido sus angustias, cuando su pueblo era cargado de dolor por Faraón. *«Dijo luego Jehová: Bien he visto la aflicción de mi pueblo que está en Egipto, y he oído su clamor a causa de sus exactores; pues he conocido sus angustias...»* (Éxodo 3:7).

Jonás fue un desobediente que tuvo que experimentar esta situación al verse sumergido en el estómago de un enorme pez, su mirada no tenía otra vista más que oscuridad y ruidos espantosos. *«Entonces oró Jonás a Jehová su Dios desde el vientre del pez, y dijo: Invoqué en mi angustia a Jehová, y él me oyó; Desde el seno del Seol clamé, Y mi voz oíste».* (Jonás 2:1,2).

El Apóstol Pablo vivió no una vez sino varias veces la angustia, pudo haber desertado, pero su corazón ya no era el de Saulo, ahora él decía el vivir es Cristo, el morir lo consideraba como ganancia por su entrega a ÉL. *«Porque para mí el vivir es Cristo, y el morir es ganancia».* (Filipenses 1:21).

Esto le daba credibilidad para hablar con toda libertad, ya que su cambio había sido total. *«...antes bien, nos recomendamos en todo como ministros de Dios, en mucha paciencia, en tribulaciones, en necesidades, en angustias; en azotes, en cárceles, en tumultos, en trabajos, en desvelos, en ayunos;...»* (2ª Corintios 6:4,5).

Mientras breguemos en esta vida, tendremos angustias, adversidades, aflicciones, dolor, sufrimientos y tribulaciones. NO ESTAMOS SOLOS. *«¿Quién nos separará del amor de Cristo? ¿Tribulación, o angustia, o persecución, o hambre, o desnudez, o peligro, o espada?».* (Romanos 8:35).

BOFETADA

Cuando tenía 15 años, un jovencito de mi edad, tuvo la osadía de darme un beso, mi reacción ante tal acción, fue darle una bofetada. Mi abuela nos enseñó, que por medio de los besos se procreaban a los niños. La juventud de ahora podría burlarse ante tal aseveración, pero en el tiempo de mi juventud, gozábamos de mucha inocencia. En la actualidad, los jóvenes saben a detalle, la diferencia entre un beso y la procreación. A tal extremo que a muy temprana edad, son padres o madres.

Bofetada según el diccionario es: «un golpe dado con la mano abierta en la mejilla. También significa desdén, agravio». (Diccionario Grijalbo). En otras palabras, es un agravio, un desprecio una ofensa que causa humillación.

Los evangelios de Marcos y Juan nos relatan la crueldad con que fue tratado Aquél hombre que es anunciado desde antes que viniera a este mundo, Aquél que era el verbo y que se hizo carne, aquel que Isaías lo describe como Dios Fuerte. «Porque un niño nos es nacido, hijo nos es dado, y el principado sobre su hombro; y se llamará su nombre Admirable, Consejero, Dios Fuerte, Padre Eterno, Príncipe de Paz». (Isaías 9:6).

Cómo alguien con estas características que narra el profeta Isaías iba a ser el que recibiría una craza humillación, sin ninguna miseria de humanidad. Sin embargo tenía que ser así como ÉL lo había decidido para terminar con los sacrificios, y darle un golpe mortal a Satanás a fin de no dar crédito a sus mentiras. Al levantarse de la tumba cuando la vieron completamente vacía era la final estocada a Satanás, dejándolo totalmente vencido al resucitar.

Hay una verdad muy dolorosa en todo este proceso que le sucedió a Cristo, lo trataron de lo peor, lo torturaron, pienso que todos los cristianos sentimos esa impotencia y ese dolor al darnos cuenta de todo lo que pasó Cristo Jesús por nosotros. «Más él herido fue por nuestras rebeliones, molido por nuestros pecados; el castigo de nuestra paz fue sobre él, y por su llaga fuimos nosotros curados. Todos nosotros nos descarriamos como ovejas, cada cual se apartó por su camino; mas Jehová cargó en él el pecado de todos nosotros». (Isaías 53:5,6).

En la esencia del dolor leemos en los evangelios la realidad de la que hablaba el profeta. «Y algunos comenzaron a escupirle, y a cubrirle el rostro y a darle de puñetazos, y a decirle: Profetiza. Y los alguaciles le daban de bofetadas». (Marcos 14:65). La burla era desafiante y el Padre lloraba en los cielos sin poder secar su sangre que brotaba de su cuerpo. «...y le decían: ¡Salve, Rey de los judíos! y le daban de bofetadas». (Juan 19:3).

Me quedo guardando silencio en mi ser interno, y recordar siempre el gran amor que nos tuvo y nos tiene el hombre que anduvo en Galilea, y que ahora vive en nuestros corazones.

LAS CRISIS

Las Crisis aparecen sin invitación, tienen diferentes maneras de hacernos la vida inestable. Son un bache que nos obstaculiza desarrollarnos establemente en nuestro entorno. De una u otra forma los seres humanos pasamos tarde o temprano por una inevitable crisis.

Crisis = *«situación grave y decisiva que pone en peligro el desarrollo de un asunto o un proceso. Situación difícil de una persona o cosa».* (Diccionario Grijabo).

Nuestro país está pasando varias crisis con la delincuencia, con la economía, con la política, etc. Es triste haber muchos profesionales, los cuales por falta de empleo tienen que emigrar; pero otros, los que su deleie ja sido la vagancia, se dedican a extorsionar provocando una inestabilidad en las familias honradas.

Crisis en los matrimonios, porque ya no se entienden, porque dejaron de amarse, unos dicen que lucharon pero solo tres años, y echaron a la borda sus vidas. Crisis cuando les llega una enfermedad y no tiene para poder atendérsela adecuadamente en un buen hospital, crisis cuando se enferma un hijo, crisis cuando se muere un hijo, porque nos mentalizamos en que los padres deban mori primero, ignoro quién nos garantizó eso, pues uno no es el dueño de nuestras vidas: Solamente DIOS.

La Palabra divina nos habla de muchos que pasaron por crisis, pero que hubo una mano lista para ayudar, como sucedió con una viuda que sus acreedores la acosaban para que pagara la deuda que su difunto esposo había dejado, en vista de su pobreza extrema le quitarían a dos de sus hijos, no olvidemos que Dios es protector de las viudas las que en verdad lo son.

La solución no se hizo esperar, pero era necesario que ella tuviera buenas vecinas, pues tenía que prestarles vasijas vacías, éstas le ayudaron en su crisis, pues consiguió muchas vasijas, ella no tenía nada, solamente una vasija de aceite. *«Y se fue la mujer, y cerró la puerta encerrándose ella y sus hijos; y ellos le traían las vasijas, y ella echaba del aceite. Cuando las vasijas estuvieron llenas, dijo a un hijo suyo: Tráeme aún otras vasijas. Y él dijo: No hay más vasijas. Entonces cesó el aceite. Vino ella luego, y lo contó al varón de Dios, el cual dijo: Ve y vende el aceite, y paga a tus acreedores; y tú y tus hijos vivid de lo que quede».* (2º Reyes 4.5-7).

Qué Crisis la que vivieron Sifra y Fúa, cuando Faraón les da una orden que matasen a todos los niños hebreos. *«Pero las parteras temieron a Dios, y no hicieron como les mandó el rey de Egipto, sino que preservaron la vida a los niños... Y Dios hizo bien a las parteras; y el pueblo se multiplicó y se fortaleció en gran manera. Y por haber las parteras temido a Dios, él prosperó sus familias».* (Éxodo 1:17,20,21).

Crisis de enfermedad cuando Ezequías cayó enfermo de muerte, con sentencia de Dios el profeta Isaías le dijo que ordenara su casa porque moriría. *«En aquellos días Ezequías cayó enfermo de muerte. Y vino a él el profeta Isaías hijo de Amoz, y le dijo: Jehová dice así: Ordena tu casa, porque morirás, y no vivirás».* (2º Reyes

20:1). Qué mente se tiene para pensar en tales condiciones, solo nos toca volvernos a la pared, llorar, e implorar, y esperar la respuesta de Dios. *«Vuelve, y di a Ezequías, príncipe de mi pueblo: Así dice Jehová, el Dios de David tu padre: Yo he oído tu oración, y he visto tus lágrimas; he aquí que yo te sano; al tercer día subirás a la casa de Jehová».* (2º Reyes 20: 5).

A usted y a mí, Cristo nos dice estas bellas palabras y no las olvidemos cuando estemos en una crisis. *«...echando toda vuestra ansiedad sobre él, porque él tiene cuidado de vosotros».* (1ª Pedro 5:7).

¿POR QUÉ CORRES?

En esta vida todos corremos, andamos con los ojos puestos en el reloj para que nos ajuste el tiempo, y qué chistoso, por más que corramos, el tiempo jamás nos alcanzará. Cuando estaba pequeña, con mi primo hacíamos apuestas de carrera, no me gustaba perder, así que corría lo más que podía. Ahora continúo corriendo un poco para tener calidad de salud, ya no me importa quién me pase, ya no compito con nadie, ya que mis fuerzas han menguado. Pero, siempre hay un objetivo por el cual correr, y si no lo tiene, entonces para qué correr. Así que cuando usted corra, que sea por algo que tenga un objetivo, una meta, una enseñanza, un mensaje, una respuesta, una misión. Por favor no corra en vano.

Tengamos cuidado, no corramos para hacer el mal. Israel corrió muchas veces para alejarse de Dios en una decadente escala de corrupción. *«...pero vuestras iniquidades han hecho división entre vosotros y vuestro Dios, y vuestros pecados han hecho ocultar de vosotros su rostro para no oír. Sus pies corren al mal, se apresuran para derramar la sangre inocente; sus pensamientos, pensamientos de iniquidad; destrucción y quebrantamiento hay en sus caminos».* (Isaías 59:2,7). Correr para hacer el mal, es una manera de ofender la creación de Dios. Y el que corre para hacer el mal, Dios lo abomina. *«El corazón que maquina pensamientos inicuos, Los pies presurosos para correr al mal…"* (Proverbios 6:18). Para qué desear vivir si Dios nos aborrece. A quién tengo yo en los cielos sino a ti, y fuera de ti nada me interesa, mi carne y mi corazón desfallecen más la roca de mi salvación eres tú. Es un hermoso canto, que siempre se lo digo en oración a Dios porque reconozco que no soy nada sin ÉL. Corramos juntos con un sólo objetivo, que es el de llevar el mensaje de las Buenas Nuevas de Salvación, asimismo mantenernos construyendo nuestras almas para la eternidad con el Señor.

Qué mensaje llevaba o traía, cuando a David le dieron la noticia de que Absalón había muerto, dos hombres iban corriendo, pero uno no llevaba mensaje, a pesar de su esfuerzo de llegar primero. Ahimaas no traía lo que David deseaba oír. Pero el etíope si le dio el mensaje doloroso. *«Más él respondió: Sea como fuere, yo correré. Entonces le dijo: Corre. Corrió, pues, Ahimaas por el camino de la llanura, y pasó delante del etíope. Y el rey dijo: ¿El joven Absalón está bien? Y Ahimaas respondió: Vi yo un gran alboroto cuando envió Joab al siervo del rey y a mí tu siervo; mas no sé qué era. El rey entonces dijo al etíope: ¿El joven Absalón está bien? Y el etíope respondió: Como aquel joven sean los enemigos de mi señor el rey, y todos los que se levanten contra ti para mal».* (2º Samuel 18:23, 29,32).

Correr sin una definición es perder el tiempo, solo nos fatigaremos en vano, solo perderemos fuerzas, solo, nos debilitaremos sin esperanzas. Pero si tenemos una visión definida, mire cómo cambia la perspectiva. «Los muchachos se fatigan y se cansan, los jóvenes flaquean y caen; pero los que esperan a Jehová tendrán nuevas fuerzas; levantarán alas como las águilas; correrán, y no se cansarán; caminarán, y no se fatigarán». (Isaías 40:30,31).

Las mujeres en el glorioso día de la Resurrección de nuestro Amado y Señor Jesucristo, no se quedaron llorando, o dudando de lo que el ángel les estaban diciendo, sino que reaccionaron.

"Entonces ellas, saliendo del sepulcro con temor y gran gozo, fueron corriendo a dar las nuevas a sus discípulos..." (Mateo 28:8). Este mismo mensaje es para que lo demos a todos aquellos que están corriendo en vano en los afanes de la vida.

Evidentemente que siempre habrá alguien que corra más aprisa para salvar a los perdidos, o que su corazón sienta que se le sale porque él quiere llegar primero y dar el mensaje, o cerciorarse del mensaje del que había resucitado. *«Corrían los dos juntos; pero el otro discípulo corrió más aprisa que Pedro, y llegó primero al sepulcro».* (Juan 20:4).

No dejemos de correr, siempre y cuando tengamos un mensaje que dar, tengamos cuidado que nadie nos estorbe en nuestra carrera. *«Por tanto, nosotros también, teniendo en derredor nuestro tan grande nube de testigos, despojémonos de todo peso y del pecado que nos asedia, y corramos con paciencia la carrera que tenemos por delante, puestos los ojos en Jesús, el autor y consumador de la fe, el cual por el gozo puesto delante de él sufrió la cruz, menospreciando el oprobio, y se sentó a la diestra del trono de Dios».* (Hebreos 12:1,2).

LAS PALABRAS

Qué don tan maravilloso el que Dios nos ha dado a los seres humanos, como son las palabras, estas han sido objeto, de grandes relaciones amorosas donde los poetas han dedicado bellos versos al amor, a la familia, a la naturaleza, al desencanto, y por supuesto a las grandiosas palabras donde exaltan a su manera el Nombre de Dios. Dice el predicador: *«Las palabras de la boca del sabio son llenas de gracia, más los labios del necio causan su propia ruina».* (Eclesiastés 10:12).

Una relación sin palabras es vacía y carece de todos los elementos, sensitivos y afectivos. Pero qué dolor cuando no las aplicamos con respeto, con cariño, y con gracia. Una palabra no meditada es una flecha certera al corazón.

Se cuenta que una mañana el esposo salió como de costumbre a trabajar, cuando regresaba a su casa se fijó que en el corral no se encontraba una vaca, entro muy furioso a la casa y descargó sobre su esposa su enojo, que por tenerle su comida calientita no se percató que la vaca se había ido, le dijo que cómo era posible que pasando ella en la casa haciendo nada, no tomó cuidado del animal, eres una inútil. La esposa no pudo pronunciar palabra de lo mal que se sentía, se fue a su aposento con su dolor de haber sido objeto de tan duras palabras del hombre que amaba.

El hombre salió a buscar a la vaca y la encontró, dejándola de nuevo en el corral, se fue a dormir. Al siguiente día el hombre no podía con su conciencia, de recordar el trato tan duro que había dado a su amada, no más salió del trabajo y corrió a su casa pensando en llegar y decirle a su esposa lo mal que se había portado con ella, estaba lloviendo a torrenciales, eso le impedía llegar con más rapidez, cuando entra a su casa, no ve a su esposa sino una nota que decía: "LA VACA VOLVIÓ A ESCAPARSE, POR FAVOR CUANDO REGRESES TEN UNA PALABRA AMABLE PARA MI."

La angustia del hombre fue ahogante, y sale en busca no de la vaca sino de su amada, cuando ve el corral ve la vaca amarrada, mas no ve a su esposa, la busca y a pocos pasos ella estaba completamente mojada, sucia y sin vida.

A muchas personas les ha pasado lo de esta historia, no tuvieron oportunidad de pedir PERDÓN, por no haber sido un poquito tolerantes. *«Manzana de oro con figuras de plata Es la palabra dicha como conviene».* (Proverbios 25:11).

Cuántas veces no hemos caído en semejante pecado al no razonar lo que vamos a decir, a un hijo, a un padre, una madre, una abuela, un amigo, un hermano, y sobre todo a la gran familia que conformamos los que hemos sido limpiados con la sangre de Cristo.

«Sea vuestra palabra siempre con gracia, sazonada con sal, para que sepáis cómo debéis responder a cada uno». (Colosenses 4:6).

ME DUELE LA CABEZA

Anoche fui presa de este dolor, el cual a menudo padecemos con mucha más frecuencia las mujeres. Se le conoce con diferentes nombres: cefalea, jaqueca, migraña.

Como yo sé bien lo que es un dolor de cabeza, cuando alguien me dice que le duele la cabeza, le pregunto ¿qué ha tomado?, me intereso tanto por la amarga experiencia que a veces vivo. Qué bueno que hoy en día existen una variedad de medicamentos que los médicos tienen a mano para paliar este mal.

La Biblia nos habla de un niño, que estaba con su padre en el campo, y de repente el niño dice gritando a su padre: «...y dijo a su padre: ¡Ay, mi cabeza, mi cabeza! Y el padre dijo a un criado: Llévalo a su madre». (2º Reyes 4:19).

Este dolor llevó al niño a la muerte, es de imaginar que la madre le ha de haber aplicado muchas cosas propias de ese tiempo, mas sin conseguir mejoría, pero aún así no se cruzó de brazos, hasta conseguir que el profeta Eliseo elevara plegarias al Dios de lo imposible: *«Porque nada hay imposible para Dios».* (Lucas 1:37). *«Entrando él entonces, cerró la puerta tras ambos, y oró a Jehová. Entonces llamó él a Giezi, y le dijo: Llama a esta sunamita. Y él la llamó. Y entrando ella, él le dijo: Toma tu hijo».* (2º Reyes 4:33,36).

De igual manera Dios se manifiesta hoy en día asegurándonos a través de su Amado hijo Jesucristo: *«...echando toda vuestra ansiedad sobre él, porque él tiene cuidado de vosotros».* (1ª Pedro 5:7). Este cuidado que ÉL tiene de nosotros calma nuestros dolores, angustias, ansiedades, stress, etc., los cuales a menudo vienen a perturbarnos en nuestras vidas, robándonos la paz. Nuestro Salvador Jesucristo tomó muy en cuenta la sanidad del cuerpo, porque en su humanidad atendió a muchos enfermos, a tal grado que Juan el Bautista manda a sus mensajeros a preguntar a Jesús, leamos este episodio de Su vida: «En esa misma hora sanó a muchos de enfermedades y plagas, y de espíritus malos, y a muchos ciegos les dio la vista. Y respondiendo Jesús, les dijo: Id, haced saber a Juan lo que habéis visto y oído: los ciegos ven, los cojos andan, los leprosos son limpiados, los sordos oyen, los muertos son resucitados, y a los pobres es anunciado el evangelio;...» (Lucas 7:21-22). Nuestro Cristo tiene cuidado de todas nuestras situaciones por difíciles que sean.

El apóstol Juan nos recuerda que al lugar donde iremos no habrá dolor. *«Enjugará Dios toda lágrima de los ojos de ellos; y ya no habrá muerte, ni habrá más llanto, ni clamor, ni dolor; porque las primeras cosas pasaron».* (Apocalipsis 21:4). ¡Gloria a Dios por ello!

EL BULLYING

Este tema, parece nuevo, pero quién nos ha dicho que es nuevo, si esto comenzó desde el día que la corona de la creación de Dios se rebeló contra el Ser Supremo. Hace falta leer detenidamente la Palabra divina para darnos cuenta que el bullying ha existido. *« ¿Qué es lo que fue? Lo mismo que será. ¿Qué es lo que ha sido hecho? Lo mismo que se hará; y nada hay nuevo debajo del sol»*. (Eclesiastés 1:9). Cuán importante es detenerse en meditar y analizar la Palabra del Supremo Dios. *«He aquí se cumplieron las cosas primeras, y yo anuncio cosas nuevas; antes que salgan a luz, yo os las haré notorias»*. (Isaías 42:9).

Encontré en el diccionario Inglés que bullying significa: Intimidación, acoso, insultar, intimidar, reñir, fanfarronear. Como ven, es una palabra tan completa como malévola para quienes la practican. Teniendo como fin dañar física, como psicológicamente a una persona, lo peor, con un espíritu de maldad, por supuesto, impropia de un hijo de Dios.

Cuando mi última hija tenía apenas cuatro años, comenzó a ir al kindergarten, vivió esta maldad de parte de su propia maestra. Nosotros como padres, notamos que la niña se ponía reacia a asistir al kínder y lloraba con mucha angustia; ignorantes nosotros nos imaginábamos que era simple capricho, e ibamos a dejarla a la fuerza. Lo que estaba sucediendo era que nomás la dejábamos en el kínder, su desdichada maestra le quitaba su merienda todos los días. Lamentablemente, supimos tal situación cuando ella finalizó el año escolar. Ya ella podía expresarse mejor, por cierto ya no iba a ir a ese mismo centro de estudio, lugar donde ignorantemente pensábamos que estaba a salvo. Ella por un largo tiempo detestó a la maestra, por cierto, ahora que es toda una buena mujer de Dios, la recuerda con coraje.

No nos durmamos con nuestros hijos, tanto a su edad escolar como en su adolescencia, estarán siempre indefensos cuando salen de casa. Pero también tengamos cuidado que también nosotros como padres estemos causándoles este dolor, maltratándoles, o abusando de ellos, convirtiéndonos en ser los principales acosadores de nuestros hijos. Por supuesto, que en ningún momento estoy en contra de la disciplina que el Señor nos instruye que les apliquemos.

¡Cuidado que como matrimonio también estemos practicando el acoso! Recuerde lo que nos dice Jeremías 17:9,10, Dios no puede ser burlado. *«Engañoso es el corazón más que todas las cosas, y perverso; ¿quién lo conocerá? Yo Jehová, que escudriño la mente, que pruebo el corazón, para dar a cada uno según su camino, según el fruto de sus obras».*

Pasó en la Iglesia en la clase de jóvenes: Llegaron por primera vez tres jovencitos, las jóvenes de la iglesia no les recibieron bien, por el contrario comenzaron a burlarse del jovencito que no llevaba calcetines, y entre risas les decían que se presentaran, que dijeran sus nombres, a tal grado que hicieron sentir tan mal a estos jóvenes amigos, al grado que decidieron ya no volver a poner un pie en el edificio de la iglesia.   ¡Qué triste, que el que busca un lugar diferente, encuentre esta clase de comportamiento de parte de jóvenes cristianos! «Dijo Jesús a sus discípulos: Imposible es que no vengan tropiezos; mas ¡ay de aquel por quien vienen! Mejor le fuera que se le atase al cuello una piedra de molino y se le arrojase al mar, que hacer tropezar a uno de estos pequeñitos». (Lucas 17:1,2). Estos jóvenes fueron reprendidos, en reunión junto a sus padres, por su mal comportamiento que manifestaron a estos jóvenes visitantes.

Una mujer acosando día y noche al que era su compañero, lo destruyó, convirtiéndolo en el hazme reír cuando este se dio por vencido ante la insistencia de revelar su secreto. *«Y ella le dijo: ¿Cómo dices: Yo te amo, cuando tu corazón no está conmigo? Ya me has engañado tres veces, y no me has descubierto aún en qué consiste tu gran fuerza. Y aconteció que, presionándole ella cada día con sus palabras e importunándole, su alma fue reducida a mortal angustia. Le descubrió, pues, todo su corazón, y le dijo: Nunca a mi cabeza llegó navaja; porque soy nazareo de Dios desde el vientre de mi madre. Si fuere rapado, mi fuerza se apartará de mí, y me debilitaré y seré como todos los hombres».* (Jueces 16:15-17).

Leamos el mapa de nuestras vidas, la lámpara que Dios nos ha dado para que seamos sabios para dirigir nuestras vidas, y así seamos la diferencia. Hay demasiada violencia en el mundo, demasiado acoso, como para que en la iglesia de nuestro Señor Jesucristo nos comportemos con prácticas que no nos ayudan a gozar de salud mental, y sobre todo la salud Espiritual que es la que nos llevará al cielo. La oración de Sansón es un grito de su debilidad, ante la belleza de esta mujer que lo usó para acosarlo y destruirlo. *«Entonces clamó Sansón a Jehová, y dijo: Señor Jehová, acuérdate ahora de mí, y fortaléceme, te ruego, solamente esta vez, oh Dios...»* (Jueces 16:28).

Capítulo 3
«Misericordioso es Jehová»

EL ENGAÑO

Desde las páginas del Génesis podemos ver esta frase que aparece como una bandera de advertencia para todos los hijos de Dios. ¿Qué es engaño? Es dar a la mentira apariencia de verdad, es inducir a alguien a tener por cierto lo que no es, valiéndose de palabras u obras aparentemente fingidas. El engaño es una máscara.

El engaño nació en el Edén, cuando con real astucia Satanás le dice a Eva lo que Dios no le había dicho, pero él disfraza las palabras para que Eva las crea. «*Entonces la serpiente dijo a la mujer: No moriréis; sino que sabe Dios que el día que comáis de él, serán abiertos vuestros ojos, y seréis como Dios, sabiendo el bien y el mal*». (Génesis 3:4,5). Desde ese día Satanás se hace presente en nuestro ambiente, trayéndonos destrucción separación y toda clase de falacias propias de él.

Recordemos algunos engaños. Jacob engañó a Esaú, como también a su propio padre valiéndose que éste había perdido la vista. Los hermanos de José igualmente engañaron a su padre mostrándole la túnica de José ensangrentada, supuestamente por una bestia, pero en realidad ellos fueron las bestias, que con premeditación y alevosía prepararon todo el engaño. Laván engañó a Jacob al darle a Lea, en vez de Raquel que era por la que había trabajado. David engañó a Urías sagazmente. Saúl engañó a la adivina de Endor.

Hay un engaño del cual el apóstol Pablo nos advierte a través de la carta que escribió en prisión a nuestros hermanos de Colosas, ya que éstos estaban escuchando la doctrina diabólica de los Gnósticos.

Pablo les dice que no pusieran mente a esas enseñanzas ya que el objetivo de los Gnósticos era «degradar la Naturaleza divina de Cristo». Tal doctrina quitaba a Jesús de su posición bíblica como hijo unigénito de Dios. *«Y aquel Verbo fue hecho carne, y habitó entre nosotros (y vimos su gloria, gloria como del unigénito del Padre), lleno de gracia y de verdad. Juan dio testimonio de él, y clamó diciendo: Este es de quien yo decía: El que viene después de mí, es antes de mí; porque era primero que yo».* (Juan 1: 14,15).

Para nosotros, es también la bandera de advertencia de Colosenses 2:8 *«Mirad que nadie os engañe por medio de filosofías y huecas sutilezas, según las tradiciones de los hombres, conforme a los rudimentos del mundo, y no según Cristo».* Tengamos mucho cuidado en estudiar continuamente la Palabra de Dios guiados por su Santo Espíritu, ya que ella es nuestra única fuente de autoridad divina.

La advertencia para los de Colosas también es para nosotros que no debemos ser arrastrados por las tradiciones humanas *«...no atendiendo a fábulas judaicas, ni a mandamientos de hombres que se apartan de la verdad».* (Tito 1:14). Recordemos que donde Jesús ha hecho una elección, debemos de honrarla, respetarla y obedecerla.

CONSEJOS

Constantemente, se acerca alguien a mi persona solicitando un consejo, reconozco que esto de dar consejos es muy delicado, dependiendo tanto de la persona que lo pide como de quien lo da, pues quizás no sea lo que desea escuchar. Una joven me pide consejo por una relación amorosa, resulta que ella es cristiana y el novio no profesa ninguna religión, me dice que no tiene interés en ninguna.

Conforme avanza la plática ella me manifiesta que está enamorada, y que él le ha propuesto matrimonio, pude ver que el consejo que le daría no sería tomado en cuenta. Con Biblia abierta le aconsejé, mejor dicho le repetí lo que Dios le dice acerca del yugo desigual, y también lo que Dios mismo aconsejaba a su pueblo en el pasado. Esdras 10:2 nos expresa: *«Entonces respondió Secanías hijo de Jehiel, de los hijos de Elam, y dijo a Esdras: Nosotros hemos pecado contra nuestro Dios, pues tomamos mujeres extranjeras de los pueblos de la tierra; mas a pesar de esto, aún hay esperanza para Israel»*. Dios siempre ha dado instrucciones que debemos de acatarlas como pueblo suyo.

El mejor consejero es Cristo, por eso debemos cuidadosamente y delicadamente abrir Su Palabra. Es fácil equivocarse y dar un mal consejo, o también por maldad se nos puede dar un consejo que no lleve el espíritu de Dios. Debemos ser cuidadosos en cuanto a quién podemos pedir un consejo, lo cual requiere que estas personas tengan una vida espiritual de buen testimonio, un hablar con dulzura y sin malicia.

La Palabra nos revela, cómo el rey Roboam pidió consejo a los ancianos del pueblo de Dios. Con sabiduría se lo proporcionaron. Es necesario que en el pueblo de Dios existan buenos consejeros, para que no perezca la iglesia, para que no se pierda un alma.

Urgía un buen consejo a Roboam, para evitar una rebelión ya que él era el rey. Jeroboam acude al nuevo rey para implorarle mejor trato y mejora para su pueblo; me imagino que usó las mejores palabras para llegar al corazón del rey, veamos como lo hizo: *«...enviaron a llamarle. Vino, pues, Jeroboam, y toda la congregación de Israel, y hablaron a Roboam, diciendo: Tu padre agravó nuestro yugo, mas ahora disminuye tú algo de la dura servidumbre de tu padre, y del yugo pesado que puso sobre nosotros, y te serviremos. Y él les dijo: Idos, y de aquí a tres días volved amí. Y el pueblo se fue»*. (1° Reyes 12:3-5). Así es el hombre, se engrandece tanto ante las necesidades de los menos afortunados. Pide consejo el rey a los ancianos, que por su sabiduría era seguro que le darían el consejo adecuado v 6,7 *«Entonces el rey Roboam pidió consejo de los ancianos que habían estado delante de Salomón su padre cuando vivía, y dijo: ¿Cómo aconsejáis vosotros que responda a este pueblo? Y ellos le hablaron diciendo: Si tú fueres hoy siervo de este pueblo y lo sirvieres, y respondiéndoles buenas palabras les hablares, ellos te servirán para siempre».*

Muy buen consejo, mas Roboam hizo a un lado el consejo, como pasó con la joven que aconsejé. Al final se casó con su enamorado, y aunado a ello abandonó a Jesucristo quien dio su vida por ella. El rey pensó en pedir consejo a jóvenes de su edad, los que se habían criado con él, y estaban delante de él. Ellos le respondieron. vv 10,11 *«Entonces los jóvenes que se habían criado con él le respondieron diciendo: Así hablarás a este pueblo que te ha dicho estas palabras: Tu padre agravó nuestro yugo, mas tú disminúyenos algo; así les hablarás: El menor dedo de los míos es más grueso que los lomos de mi padre. Ahora, pues, mi padre os cargó de pesado yugo, mas yo añadiré a vuestro yugo; mi padre os castigó con azotes, mas yo os castigaré con escorpiones».* *«La blanda respuesta quita la ira; Mas la palabra áspera hace subir el furor».* (Proverbios 15:1).

Haber despreciado el consejo de los ancianos fue una desastrosa decisión de parte de Roboam, como lo fue para mi amada hermana, ya que se alejó de la iglesia por 11 años, ahora ha vuelto con un corazón adolorido, maltratada, y llora al saber que por un hombre que no la merecía dejó la iglesia. Grande fue la desgracia que causó el consejo de los jóvenes inexpertos, a los que Roboam escuchó. v 18,19. *«Y el rey Roboam envió a Adoram, que estaba sobre los tributos; pero lo apedreó todo Israel, y murió. Entonces el rey Roboam se apresuró a subirse en un carro y huir a Jerusalén. Así se apartó Israel de la casa de David hasta hoy».*

Invoquemos siempre al Dios Supremo cuando nos pidan un consejo, y que cuando lo demos sean las palabras de Dios. *«Oíd, hijos, la enseñanza de un padre, Y estad atentos, para que conozcáis cordura.   Retén   el   consejo,   no   lo   dejes; Guárdalo, porque eso es tu vida».* (Proverbios 4:1,13). Con toda mi Pasión en Cristo,

PERDIDO

Esta reflexión tiene que ver con toda la humanidad, y es que estar perdido es haber dejado el camino correcto, es haber tomado un rumbo que no era el correcto, es haberse confundido de camino, es estar desorientado.

Una vez en la ciudad de Los Angeles, California me perdí. Me adelanté de mi sobrino, con quien a las cinco de la mañana nos íbamos a caminar a un hermoso parque. Siempre nos íbamos en su vehículo porque estaba retirado. Yo terminé de arreglarme mis zapatos tenis, como vi que él no estaba listo, le dije que me alcanzara. Luego, salí del edificio y comencé a caminar, al ver que no me alcanzaba, pensé que se había quedado otro rato más en cama, pero yo decía en mi mente: ya me va a alcanzar. Lo triste es que yo caminaba y caminaba y no veía ya nada conocido, a tal grado que entre más caminaba más me perdía; encontré a unos señores guatemaltecos trabajando en un jardín, y les pregunté si conocían el parque Camino College, ellos me dijeron que no, pero me aconsejaron, ya no camine, mejor llame a un familiar. Yo no cargaba teléfono, solo me sabía el número de mi hermana que vivía retirada de mi sobrino, me aconsejaron que no caminara por un lugar que no era seguro por la clase de personas que allí habitaban.

Después de todo esto, se llegaron las diez de la mañana y yo no me ubicaba; vi un vivero de un señor chino, le dije con mi escaso inglés que estaba perdida y que si podía ayudarme, él fue muy humano y me dijo también: háblale a un familiar tuyo, recordé el teléfono de mi hermana, solo me salía la máquina contestadora; luego, vi en el vivero a unos señores chilenos y les pedí que me ayudaran que andaba perdida, ellos muy finos y caballeros, me dijeron que para dónde iba, les dije el nombre del parque, y ellos sí lo conocían, me transportaron a ese lugar, pero en el parque no estaba mi sobrino, les dije que me llevaran a la Iglesia de Cristo en Hawthorne, ubicada en El Segundo bulevar, lamentablemente, el edificio estaba cerrado, luego me dijeron que hablara de nuevo a mi hermana, y uno de ellos le marcó y mi hermana contestó, y el chileno le dijo: su hermana está entre esta calle y esta otra, ella le dijo pásemela quiero hablar con ella, me dijo que ya habían dado parte a la policía, pero ella no dejaba de llorar, me dijo, no te muevas que ya llega tu sobrino; efectivamente, mi sobrino llegó casi en 10 minutos, pude ver su semblante desgastado de la aflicción, yo nomás lo vi, lloré hasta que me quedé exhausta, cuando pudimos hablar, él me dijo que tomó el camino que siempre tomábamos, el problema fue que yo cruce una calle la cual no tenía que tomar. Cuando llegamos a casa, ya mi hermana estaba esperándome, y sí lloramos tendidamente, pues ella se imaginaba lo peor, pero la única culpable fui yo.

Cuando a los 16 años me hablaron de la iglesia de Cristo, decidimos con mi hermana ir a buscarla, al no encontrarla, dijimos en voz alta: «Y donde estará la iglesia de Cristo», y un hombre que iba adelante nos escuchó, y nos dijo: «Buscan la Iglesia de Cristo, yo para allí voy». Bendito día para mi, que desde que entré al local, a pesar de los problemas que veía, nunca me alejé, mi hermana sí, ella no perseveró. O sea que también, estaba perdida espiritualmente, fue un reto para mí cuando el siguiente domingo obedecí a través de las aguas del bautismo. No pensé en lo duro que iba a tornarse mi vida, pues toda mi familia era católica. A pesar de todo, no dejaba de congregarme entre semana, y por supuesto, cada día del Señor, pues había un predicador que trazaba con dulzura la Palabra de Dios. Cada vez que me congregaba, amaba más la iglesia, y me iba enamorando de Jesús de una manera que hasta el día de hoy ya no puedo vivir sin Él, de tal manera que expreso las mismas palabras del Salmista: «*Porque mejor es un día en tus atrios que mil fuera de ellos. Escogería antes estar a la puerta de la casa de mi Dios, Que habitar en las moradas de maldad*». (Salmos 84:10).

Ahora me gozo de los hijos espirituales que tengo. El pueblo de Israel anduvo perdido, por eso el mismo Jesús fue en busca de ellos, porque en sus tres y medio años de ministerio, ese fue su enfoque principal, salvar al ser humano de su perdición en que vivían; los israelitas, adorando a dioses ajenos, cuando en el pasado les había dicho que ÉL era celoso, y que la adoración solo se le debía de presentar a ÉL. Sabía por dónde caminar por dónde pasar, con quién encontrarse. Así fue como llama a Zaqueo para que descienda del árbol porque esa noche visitaría su casa. Jesús le dijo: «*Hoy ha venido la salvación a esta casa; por cuanto él también es hijo de Abraham. Porque el Hijo del Hombre vino a buscar y a salvar lo que se había perdido*». (Lucas 19:9,10). El encuentro con la Samaritana: ¡Qué impresionante! ¡Qué conversación! A pesar que no era amena, se convirtió en una gran esperanza, al comprender aquella mujer con quién hablaba, cuando ÉL le dice: «Jesús le dijo: Yo soy, el que habla contigo». (Juan 4:26).

A esa mujer le cambió todo el mal panorama de su vida, a tal grado que lo compartió. «*Y muchos de los samaritanos de aquella ciudad creyeron en él por la palabra de la mujer, que daba testimonio diciendo: Me dijo todo lo que he hecho… y decían a la mujer: Ya no creemos solamente por tu dicho, porque nosotros mismos hemos oído, y sabemos que verdaderamente éste es el Salvador del mundo, el Cristo*». (Juan 4:39,42).

Cuando yo estaba pérdida, y mi familia me encontró, fueron de gratísima alegría aquellos momentos. Sin embargo, no se compara con la fiesta que hay en los cielos cuando un pecador reconoce su perdición y cae ante los pies de Jesús. Les exhorto y animo, cuando haya un bautismo, alegrémonos todos, no seamos indiferentes en abandonar esa fiesta, no es posible que haya fiesta en los cielos y que la iglesia donde se está llevando a cabo un nuevo nacimiento del agua y del Espíritu, nos hagamos los desentendidos, esto no es cristiano. Regocijémonos cuando un perdido encuentra el Camino. «Gocémonos y alegrémonos como el Padre al encontrar a su hijo perdido. «...porque este mi hijo muerto era, y ha revivido; se había perdido, y es hallado. Y comenzaron a regocijarse». (Lucas 15:24).

El BUMERÁN

Este es una arma, que sirve para atontar a los animales y también a las personas, dependiendo con qué intención se lance, si este no da en el blanco vuelve al que lo tiró.

Son de reconocer que nuestras palabras y acciones pueden tener este mismo efecto, cuando no sazonamos nuestras palabras. El saber vivir es un arte que día a día se va construyendo. El consejo de Pedro es acertado y guiado por el Espíritu Santo, él dice en 1ª Pedro 3:10: *«Porque el que quiere amar la vida y ver días buenos, refrene su lengua de mal, y sus labios no hablen engaño».*

Debemos de reconocer que no a todos seremos gratos, pero esto no nos da licencia para desear la muerte de nadie. Sucedió hace mucho tiempo, cuando Amán, solo por no recibir adoración de parte de Mardoqueo un hombre que había entendido que le era menester obedecer a Dios antes que a los hombres, y que ante ningún hombre debía de arrodillarse sino solo ante el Dios Supremo que mora en los cielos.

Lastimosamente, hay cristianos que desean que se les rinda pleitesía, por ser buenos oradores, porque han sido bendecidos materialmente, y lamentablemente hay muchos que caen en este pecado. Santiago 2:2,3 nos dice: *«Porque si en vuestra congregación entra un hombre con anillo de oro y con ropa espléndida, y también* entra un pobre con vestido andrajoso, y miráis con agrado al que trae la ropa espléndida y le decís: Siéntate tú aquí en buen lugar; y decís al pobre: Estate tú allí en pie, o siéntate aquí bajo mi estrado».

El bumerán en el caso de Amán fue tan duro como lo era su corazón, pues todo lo que quería para Mardoqueo, resultó ser su propio instrumento de muerte, toda la maldad que moraba en sus entrañas retornó a él con todo el ímpetu de un tornado, ya que terminó de rodillas ante su enemigo poniéndole ropas reales. «Y Amán tomó el vestido y el caballo, y vistió a Mardoqueo, y lo condujo a caballo por la plaza de la ciudad, e hizo pregonar delante de él: Así se hará al varón cuya honra desea el rey». (Ester 6:11).

Otra lección para meditar, es que todo lo que deseemos para nuestro prójimo, lo pasemos a la luz de la lupa de Dios. Aprendamos del Galileo, que nos dijo: «...aprended de mí, que soy manso y humilde de corazón; y hallaréis descanso para vuestras almas...» (Mateo 11:29). La regla de oro aún está vigente. «Así que, todas las cosas que queráis que los hombres hagan con vosotros, así también haced vosotros con ellos; porque esto es la ley y los profetas». (Mateo 7:12).

DUELO

Desde que el mundo fue hecho por Dios y creó al hombre, ente pensante con capacidades maravillosas, ha existido el duelo. A mis sesenta y dos años, he tenido que experimentar ese sentimiento profundo que sacude las entrañas.

La última experiencia que tuve fue la de mi suegra, la cual Dios me usó para cuidar de ella en sus últimos meses de vida. Ella solamente procreó varones, cuatro en total; continuamente me decía que, para la vejez y enfermedades, cómo se necesita la asistencia de una hija, siempre que le cambiaba su pañal desechable, ella sufría de vergüenza, le decía que para mí eso era un privilegio servirle.

Una mañana, ella ya no tuvo fuerzas y mediante una oración que yo elevaba por su dolor, murió. Fue una de esas mañanas que se presiente que la persona que está sufriendo, nos abandona. Es allí cuando comienza a vivirse el duelo. Duelo se define como «Desconsuelo, tristeza por la muerte de una persona».

¿Qué palabras poder decir a una persona que ha perdido a un ser amado? Siempre que tengo que asistir a un funeral esa es mi incógnita, qué decirle a quien está pasando por un dolor indescifrable. Muchas veces comúnmente si es cristiano fiel, las palabras de costumbre, o meramente solo por decir algo le decimos: «Tenga fortaleza, él o ella ya ella está en mejor luga». Si la persona que esta con el dolor no está en capacidad de que lleguemos a decirle algo tan simple, por qué no solo abrazarle sin pronunciar palabras.

La etapa del duelo no termina con enterrar al ser amado, apenas es el preludio de los días u años que aquella persona llevará en su alma ese dolor de la persona amada. La bendita Palabra de Dios nos presenta como fue el duelo de un profeta en Israel como el gran Moisés. *«Y lloraron los hijos de Israel a Moisés en los campos de Moab treinta días; y así se cumplieron los días del lloro y del luto de Moisés».* (Deuteronomio 34:8)

Comportémonos como buenos cristianos cuando nuestro hermano o hermana continúe llorando a su ser amado. Hagamos nuestras las palabras del Bendito Nazareno, por medio del apóstol Pablo. *«Gozaos con los que se gozan; llorad con los que lloran».* (Romanos 12 15). Y no olvidemos que Dios tiene cuidado de las personas que pierden a un ser amado. *«Padre de huérfanos y defensor de viudas. Es Dios en su santa morada».* (Salmos 68:5). ¡Gloria a Dios por ello!

CONFESAR

Un número considerable de los que ahora somos cristianos, en tiempos pasados, profesamos la religión católica. Benditos los hijos que desde el vientre vienen con la semilla del evangelio puro. Como sucedió con mis tres hijas.

Era triste para mí cuando llegaban misiones de sacerdotes católicos al cantón donde crecí, ya que mi abuela siempre me mandaba a confesarme ante tales religiosos, por supuesto, religiosos a su manera, es decir, haciendo a un lado totalmente las Sagradas Escrituras; condición que actualmente se mantiene, pues ellos se rigen por lo que su máxima autoridad les dicta y ordena, el papa.

Qué podía decirle a un hombre con una enorme sotana café o negra, si solamente tenía ocho escasos años. Qué podía refutarle a mi abuela, de quien moralmente fui muy educada y disciplinada. De ella guardo gratos y agradables recuerdos.

La primera pregunta de rigor era: ¿Has hecho picardías? Yo respondía que sí: Le decía, le contesto a mi abuela y a mis tíos. No sabía ni remotamente qué significaba lo que me preguntaba. Pues esa pregunta de esos hombres siempre está dirigida a la sexualidad del confesante. Era una niña con la sanidad y travesuras de esa edad.

Era abusada por el hombre, pues apretaba mi cuerpecito, y para callarme me regalaba estampas de la virgen del Perpetuo Socorro. (Respeto la gramática por ser un nombre propio, no porque merezca las mayúsculas, ya que a todas luces es un ídolo).

Gracias a Dios estos abusadores, que han estado en el Vaticano, (y que todavía continúan allí), y por todo el mundo donde hay iglesias católicas, han sido denunciados por padres que se han armado de valor, a quienes les han violado a sus pequeñas hijas e hijos. Son los que se identifican como pederastas.

Gracias a Dios, yo obedecí la Verdad Pura de la Palabra de Dios a mis 16 años, y conozco de Dios y de Su gran amor, que mi respiración y mi vivir cada día es saber más de ÉL. Con ÉL me confieso a cada instante, de una manera diáfana sin ningún temor, ir a la presencia de mi Dios a través de la confesión es un descanso, una delicia incapaz de descifrar.

El hombre conforme al corazón de Dios tuvo que ser forzado a confesar su pecado. Este es el caso del rey David. Él pensó que nadie se daba cuenta, ¿quién puede esconderse del Omnisciente, y Omnisapiente Dios? Era un hecho trascendental que Dios no lo dejaría sin exhibirlo, pues tomó una mujer, que no era de sus concubinas, la cual le pertenecía a otro hombre.

Al verse acorralado por sus mismas artimañas para desaparecer su pecado garrafal, el Dios de los cielos se lo dice en su propia cara a través de del profeta Natán, quien con una historia le deja al descubierto su pecado. *«Entonces dijo Natán a David: Tú eres aquel hombre. Así ha dicho Jehová, Dios de Israel: Yo te ungí por rey sobre Israel, y te libré de la mano de Saúl, y te di la casa de tu señor, y las mujeres de tu señor en tu seno; además te di la casa de Israel y de Judá; y si esto fuera poco, te habría añadido mucho más. ¿Por qué, pues, tuviste en poco la palabra de Jehová, haciendo lo malo delante de sus ojos? A Urías heteo heriste a espada, y tomaste por mujer a su mujer, y a él lo mataste con la espada de los hijos de Amón».* (2° Samuel 12:7-9).

Todos los cristianos tenemos que estar muy conscientes que no hay secreto guardado ante El Dios del Universo. *«Porque tú lo hiciste en secreto; mas yo haré esto delante de todo Israel y a pleno sol».* (2°Samuel 12:12).

La confesión, sana, regenera el alma, vivifica, restaura, cuando lo confesamos al tres veces SANTO, SANTO, SANTO. *«Mi pecado te declaré, y no encubrí mi iniquidad. Dije: Confesaré mis transgresiones a Jehová; Y tú perdonaste la maldad de mi pecado».* (Salmos 32:5). Que Dios nos ayude a comprender exactamente lo que es confesar nuestros pecados conforme a las Sagradas Escrituras, escudríñela, y encontrará la dirección divina.

TODO ES IGUAL

En el mes de Noviembre en la ciudad de San Miguel, El Salvador, lugar donde yo nací, por cierto nací el 2 de Noviembre, día en que muchas personas se reúnen en los cementerios para llevar flores a sus seres queridos que ya partieron, es una algarabía ese día.

Pero lo sorprendente es que todo el mes de noviembre es un paganismo en toda la extensión de la palabra, pues desde que comienza el primer día, cada sábado en cada barrio se celebran carnavales hasta llegar el último día sábado del mes con el GRAN CARNAVAL donde se dan cita personas de todas partes, aun a nivel internacional. En la calles, en cada cuadra hay una orquesta que con sus canciones ponen a bailar a todo el mundo, por eso la canción del carnaval incita a que allí no hay clases sociales, pues dice. «Para reír, para cantar, para gozar, para bailar, para sentir felicidad, no hay mas lugar que San Miguel en Carnaval, ni pobre ni rico, ni joven ni viejo, ni alto ni bajo, ni gordo ni flaco, ni blanco ni negro. Todo es igual en San Miguel en carnaval». No crean que no hay algún cristiano colado en toda esa sodomía, algunos dicen solo fuimos a ver las carrozas.

Hubo un carnaval donde Dios se airó al extremo, y es que cuando pensamos que Dios no nos ve, podemos hacer lo que nos venga en gana a lo que a la carne le apetece. Cuando Dios sacó al pueblo de Egipto, lo cuidó de día y de noche, tuvo cuidado de que no le faltará nada, los hizo pasar en seco el mar rojo, sus vestidos no envejecieron ni sus zapatos, les dio a comer el maná del cielo, les había protegido de enfermedades, eran sus hijos amados. Pero comenzaron a desobedecer a su Padre, terminando haciendo un becerro para adorarlo. «*Y Jehová hirió al pueblo, porque habían hecho el becerro que formó Aarón*». (Éxodo 32:35). Era una sodomía extrema, con desagradecimiento atroz, al Dios Bondadoso.

En nuestras congregaciones apetece cantar como los de las sectas, y algunos se atreven a decir que todo es igual, al mismo Dios adoramos, la Biblia dice todo lo contrario.

Sucede que nos cansamos de cantar los mismos himnos, de escuchar al mismo predicador; los jóvenes quieren algo que les atraiga, y comenzamos a innovar situaciones que no conservan en nada la pureza y doctrina de la iglesia. Los niños no son corregidos por los padres y los convierten en seres desagradables, porque realmente solamente los padres podemos aguantar a nuestros hijos. «*Instruye al niño en su camino, Y aun cuando fuere viejo no se apartará de él*». (Proverbios 22:6). Visité una congregación donde iban a hacer una participación los niños y jóvenes, fue algo terrible, pues tanto el predicador como su esposa hablaban, y les pedían atención, y nadie les puso cuidado, fue tanta mi incomodidad que uno de los diáconos, me gritó y me dijo: «Alégrese hermana». Era un desorden que al que menos se honró fue a Dios. Ignoraban o se hicieron los ignorantes de 1ª Corintios 14:40. «*...pero hágase todo decentemente y con orden*».

La iglesia de Cristo tiene y tendrá siempre sus propias características las cuales no debemos olvidar; no somos del montón, no todo es igual, no confundamos una secta con la iglesia que Cristo compró y ÉL es Su dueño, no es de ningún humano. «*Y yo también te digo, que tú eres Pedro, y sobre esta roca edificaré mi iglesia; y las puertas del Hades no prevalecerán contra ella*». (Mateo 16:18). Y su cumplimiento se dio en Hechos 20:28. «*Por tanto, mirad por vosotros, y por todo el rebaño en que el Espíritu Santo os* ha puesto por obispos, para apacentar la iglesia del Señor, la cual él ganó por su propia sangre». Cristo es su fundador y fundamento, La iglesia de Cristo no acepta ningún credo humano. «Si alguno habla, hable conforme a las palabras de Dios; si alguno ministra, ministre conforme al poder que Dios da, para que en todo sea Dios glorificado por Jesucristo, a quien pertenecen la gloria y el imperio por los siglos de los siglos. Amén». (1ª Pedro 4:11).

Cristianos de todo el mundo, NO corrompamos la iglesia de Cristo, mantengamos su identidad y pureza conforme a la doctrina del Señor Jesucristo revelada claramente por el Espíritu Santo en el Nuevo Testamento. AMÉN.

EL ZURDO

A lo mejor tocaré a algún familiar suyo el cual lee mis artículos. Yo conozco historias de compañeras que sufrían por usar su mano izquierda, sus padres les amarraban su mano y les obligaban a escribir con la mano derecha. Eran los pensamientos de los padres de hace seis o más décadas de años atrás. Esto venía a enfocarse en una tortura, que tiene su nombre: Ignorancia.

Tampoco podemos juzgarles, pues antes no se contaba con la ciencia en la forma que hoy en día podemos disponer con libertad para indagar las muchas interrogantes que el ser humano tiene.

Antes se creía que el usar la mano izquierda era algo diabólico, personalmente lo viví, pues recuerdo que no debíamos agarrar la comida con la mano izquierda. Imagínese, presidentes de naciones poderosos han sido zurdos desde que nacieron, y así gobernaron todo su período presidencial. Barack Obama, el recién pasado presidente de los Estados Unidos lo es. Ronald Reagan fue ambidiestro (uso de ambas manos).

La ciencia tiene sus teorías actualmente en este siglo XXI, las cuales son aceptadas por galenos en la especialidad de Neurología. Dice una información que encontré, que la mayoría de personas usamos la mano derecha ya que todas las ordenes están destinadas para la parte derecha del cuerpo.

Pero los zurdos son la excepción, ya que en ellos sucede lo contrario, domina el hemisferio derecho que es el que dirige el lado izquierdo, por lo que es a este lado que envía las órdenes. Yo les dejo esta parte a los expertos.

Dios el soberano, usó a personas zurdas y las destaca, porque eran diestros en la batalla. En la guerra contra Benjamín. Esta Tribu que no duraría mucho, por la vileza que habían cometido con un levita. Les recordaré de qué hablo. *«Entonces el varón levita, marido de la mujer muerta, respondió y dijo: Yo llegué a Gabaa de Benjamín con mi concubina, para pasar allí la noche. Y levantándose contra mí los de Gabaa, rodearon contra mí la casa por la noche, con idea de matarme, y a mi concubina la humillaron de tal manera que murió».* (Jueces 20:4-5).

Esta tribu tenía muchos zurdos. Eran tan certeros que los usaban para exterminar a todos sus enemigos, pues no fallaban, donde apuntaban daban en el blanco. *«De toda aquella gente había setecientos hombres escogidos, que eran zurdos, todos los cuales tiraban una piedra con la honda a un cabello, y no erraban».* (Jueces 20:16).

Podemos notar que no importa con cuál mano usted se desenvuelva mejor, y luego que nos quede claro, no es nada diabólico, el que es diabólico no importa cual mano use, no dudo que Judas no era zurdo, y supo dar el beso a nuestro Salvador, Quien fue sin pecado.

Seamos cuidadosos, cuando nuestros hijos o nietos comiencen a usar sus manitas, no les maltratemos, solo demos gracias a Dios que pueden valerse por ellos mismos usando las manos que Dios les dio. Que la ignorancia no nos haga caer en un daño que puede ser irreparable. *«Estaban armados de arcos, y usaban de ambas manos para tirar piedras con honda y saetas con arco...»* (1° Crónicas 12:2).

AL BORDE DEL ABISMO

Hace un mes tuve la oportunidad de conocer el Imperio incaico o Inca, el MACHU PICCHU. Realmente pude convencerme de lo grandioso que es, está considerado como una de las siete maravillas del mundo. (octubre de 2017).

Es sorprendentemente bello, al grado que uno no puede más que acreditarle a Dios la majestuosa Creación, dejar que el pensamiento vuele como el Cóndor, lugar donde ellos reinan.

Almorzando con una hermana, que también trabaja de guía para esas maravillas incas, comentábamos los linderos que han marcado para los turistas, los cuales deben ser respetados, de lo contrario pueden caer en un abismo.

Todos los turistas buscan el mejor lugar para tomarse algunas fotos, y muchas veces se las toman al borde de un abismo, es inevitable que la adrenalina fluya.

Abismo es principio o sima de gran profundidad. (Diccionario Grijalbo). En el Cántico de Moisés y María, destaca cómo los enemigos de Jehová fueron abatidos por el poder de Dios al perseguir a su amado pueblo. *«Los abismos los cubrieron; Descendieron a las profundidades como piedra».* (Éxodo 15:5).

Un abismo definitivamente es una sepultura, quien cae en uno de ellos, no queda para contarlo.

Escuché a un hermano que tuvo una experiencia trabajando en la obra del Señor. En el trayecto hacía donde se conducía, estaba cayendo una gran tormenta a tal grado que le imposibilitaba ver, cuanto más avanzaba era peor, cayó en una espesa neblina.

El hermano paró, se acordó de Jeremías 33:3 cuando él quiso avanzar su carro ya no le funcionó, comenzó a luchar para hacer funcionar el vehículo. Cuando la tormenta cesó y la neblina se disipó, bajó de su carro, retrocedió, percibió que, si su carro le hubiese funcionado, iba directo a un precipicio. «*Clama a mí, y yo te responderé, y te enseñaré cosas grandes y ocultas que tú no conoces*».

Jesús fue objeto de una artimaña de Satanás, quien le propuso, ya que eres el Hijo de Dios, no temerás el tirarte de un abismo. No le estaba proponiendo nada nuevo que Jesús no supiera que su Padre le sostendría. «*...y le dijo: Si eres Hijo de Dios, échate abajo; porque escrito está: A sus ángeles mandará acerca de ti, y, En sus manos te sostendrán, Para que no tropieces con tu pie en piedra*». (Mateo 4:6).

Satanás no corrió con esa bendición cuando fue arrojado del cielo junto con sus aliados. «*...y lo arrojó al abismo, y lo encerró, y puso su sello sobre él, para que no engañase más a las naciones, hasta que fuesen cumplidos mil años; y después de esto debe ser desatado por un poco de tiempo*». (Apocalipsis 20:3).

Que Nuestra ligereza no nos lleve a caer en un abismo, y cuando nos encontremos a punto de caer, recordemos que contamos siempre con la providencia de Dios. Para ello, mantengámonos siempre haciendo Su voluntad.

Capítulo 4

«Se acuerda que somos polvo»

LA TIERRA

Me encanta hablar de la naturaleza, porque ella confirma la existencia de Dios, y de nuestra existencia que no fue por casualidad.

Los agricultores son unos campeones en trabajar la tierra, algunos aún no poseen herramientas modernas y continúan labrándola con una cuma, o con un arado, qué belleza, cómo luce cuando la preparan con las primeras lluvias para después poner la semilla, luego nos darán los frijoles, el maíz, las legumbres, etc., etc.

Ahora es mucha la tristeza que existe mundialmente hablando por el maltrato de que ésta ha sido objeto; bosques enteros han desaparecido para construir grandes consorcios, y lugares de vivienda, lo cual es necesario por la superpoblación que impera. Pero es incongruente cómo es que exterminan los bosques y después están haciendo campañas de reforestar, a fin de que cada persona siembre uno o más arbolitos.

Dios siempre nos está ofreciendo una mejor tierra para que no hagamos nido en ésta para siempre. A Abraham le ofreció una mejor tierra. «Y apareció Jehová a Abraham, y le dijo: A tu descendencia daré esta tierra...» (Génesis 12:7). Tierra de la cual nosotros también tenemos herencia. «*Porque toda la tierra que ves, la daré a ti y a tu descendencia para siempre. Y haré tu descendencia como el polvo de la tierra; que si alguno puede contar el polvo de la tierra, también tu descendencia será contada*». (Génesis 13:15,16). Esa tierra era fructífera, fluía leche y miel. Pero Dios no nos da las cosas de una manera sin sabiduría, aquella tierra les costaría porque tenían que conquistarla, tenían que desalojar a todos los moradores que no la merecían porque eran abominables a Dios, ya que eran idólatras y perversos.

Al pueblo de Dios en ese tiempo, no le fue fácil conquistar la tierra prometida, tuvieron antes que vivir un cautiverio, donde faraón les había esclavizado salvajemente. Dios tuvo que enviar plagas a faraón para que les diera la salida. Fueron varias generaciones después del cautiverio egipicio, que pudieron entrar a la tierra prometida, pero tuvieron que aferrarse, y luchar contra los habitantes de entonces. Los favorecidos fueron los valientes que lucharon hasta el final. *«Y mandó Moisés a los hijos de Israel, diciendo: Esta es la tierra que se os repartirá en heredades por sorteo...»* (Números 34:13). Lo que comenzó como promesa para Abraham, terminó para la descendencia. *«Mirad, yo os he entregado la tierra; entrad y poseed la tierra que Jehová juró a vuestros padres Abraham, Isaac y Jacob, que les daría a ellos y a su descendencia después de ellos».* (Deuteronomio 1:8). Fue duro, porque tanto Moisés como Dios tuvieron que lidiar con todas las quejas del pueblo que iba a ser beneficiado. Así es el ser humano, desagradecido hasta con los regalos que recibe, tanto trabajó Moisés con todo el pueblo, que lo hicieron pecar, y de esa manera perdió el privilegio de entrar a la tierra prometida al grado que tuvo que conformarse en verla de lejos.

Es lo mismo hoy en día, desde que nuestro Señor y Salvador Jesucristo a través de su sacrificio nos ha dado la promesa de entrar a la Canaán celestial, prometiéndonos tierra nueva y cielos nuevos, seguimos en un peregrinar sin darle la importancia que merece, haciéndonos tesoros en esta tierra que un día será destruida con fuego y azufre. Tenemos que prepararnos para poder entrar en la tierra prometida, pero si no podemos vivir en ésta, ¿cómo esperamos vivir en la celestial? El hombre está pensando ir a la luna cuando no puede ni cruzar la calle para visitar a su prójimo. Aquí nos cuesta asistir a las reuniones, nos cuesta hacer visitas a los enfermos, nos cuesta cuidar de los desamparados, nos cuesta ser benevolentes, y misericordiosos. Nos cuesta ofrendar tal como el Señor nos ha prosperado. Recordemos que Cristo se fue a preparar una mansión para usted. Por supuesto, usted hermano y hermana, la podrá disfrutar si permanece fiel a ÉL. Y que no se repita la vivencia de Moisés, que nadie le robe la dicha de vivir eternamente en la Tierra Prometida la Canaán Celestial. *«Pero el día del Señor* vendrá como ladrón en la noche; en el cual los cielos pasarán con grande estruendo, y los elementos ardiendo serán deshechos, y la tierra y las obras que en ella hay serán quemadas. Puesto que todas estas cosas han de ser deshechas, ¡cómo no debéis vosotros andar en santa y piadosa manera de vivir, esperando y apresurándoos para la venida del día de Dios, en el cual los cielos, encendiéndose, serán deshechos, y los elementos, siendo quemados, se fundirán!». (2ª Pedro 3:10-12).

CONTAMINACIÓN

Es muy triste y lamentable lo que está aconteciendo, en el municipio de San Luis Talpa, Departamento de La Paz; y es que los habitantes están muriendo de la misma enfermedad. En estos días han descubierto la razón del problema, que ya ha llevado a la tumba a casi 60 personas, en vista de los pesticidas que están usando para combatir las plagas, los cuales se han vuelto en contra de ellos; además, encontraron en una bodega varios barriles con el contenido de este letal químico.

Los habitantes ya se pronunciaron ante las autoridades competentes, a fin de que eliminen esos barriles con tóxicos, pero no han logrado nada; el Alcalde Municipal de dicho lugar ya tomó cartas en el asunto, pidiendo a gritos con toda la población que ya no quieren que los habitantes sigan muriendo de Insuficiencia Renal, ya que esta es la enfermedad que causa este letal químico.

Vemos cómo hemos deteriorado, el planeta que con tanto amor creo el Dios del Universo, que planificó día a día, hasta llegar con la creación del ser humano, ÉL dice que todo lo hizo hermoso en su tiempo. Sin embargo el mismo hombre ha contaminado los mares, los ríos, la fauna, y todo lo que hay a su paso. Todo esto deteriora el medio ambiente, y sobre todo acorta la vida de todo lo que respira.

Otra contaminación que destruye al ser humano es la práctica del pecado en sus diversas formas: las infidelidades, los adulterios, las fornicaciones, las discordias entre hermanos, y no digamos las falsas enseñanzas que adulteran la doctrina que Cristo nos enseñó, y también a través de los apóstoles, y por revelación del Espíritu Santo. En una congregación donde se añade o se usan instrumentos musicales, como usar a las mujeres en asamblea, y tantas más desviaciones doctrinales, esa no es la iglesia de Cristo. Cristo viene por una iglesia sin mancha y sin arruga porque pagó un alto precio por ella.

La contaminación es producto de un corazón enfermo, de una mente malsana. Es donde se hacen los nidos de maldad diversos. *«Pero lo que sale de la boca, del corazón sale; y esto contamina al hombre. Porque del corazón salen los malos pensamientos, los homicidios, los adulterios, las fornicaciones, los hurtos, los falsos testimonios, las blasfemias».* (Mateo 15:18,19).

Desde las páginas del Viejo Testamento Dios nos ha hablado para que tomemos en cuenta que la contaminación es un insulto a su santidad. Dios no quiere escuchar nuestras plegarias en tales condiciones. *«...pero vuestras iniquidades han hecho división entre vosotros y vuestro Dios, y vuestros pecados han hecho ocultar de vosotros su rostro para no oír. Porque vuestras manos están contaminadas de sangre, y vuestros dedos de iniquidad; vuestros labios pronuncian mentira, habla maldad vuestra lengua».* (Isaías 59:2,3).

Y es que para contaminar, y contaminarse no se requiere de mucha habilidad, basta con que le demos rienda suelta a nuestra lengua, y esto se convierte en alud de lodo sepultando a nuestros hermanos. *«Y la lengua es un fuego, un mundo de maldad. La lengua está puesta entre nuestros miembros, y contamina todo el cuerpo, e inflama la rueda de la creación, y ella misma es inflamada por el infierno. Pero ningún hombre puede domar la lengua, que es un mal que no puede ser refrenado, llena de veneno mortal».* (Santiago 3:6,8).

Nuestros cuerpos son templo y morada del Espíritu Santo, por lo tanto no deben ser contaminados, con lo que vemos, hablamos, usamos, como las drogas, el cigarro, licor, incluso nuestros sentimientos. *«Seguid la paz con todos, y la santidad, sin la cual nadie verá al Señor. Mirad bien, no sea que alguno deje de alcanzar la gracia de Dios; que brotando alguna raíz de amargura, os estorbe, y por ella muchos sean contaminados...»* (Hebreos 12:14,15).

CALLA, ENMUDECE

Con solo leer el título de esta reflexión se nos vienen a la mente esas palabras dichas por el Gran Maestro Jesucristo las cuales pronunció con autoridad.

Muchas veces es prudente callar, enmudecer, para no perjudicar a nadie, pero no siempre se debe callar. Mi abuela cuando me casé, me dijo, nunca le contestes a tu esposo, cuando tengan discusiones, mejor toma agua y no la tragues hasta que termine la discusión. Jamás le hice caso a mi abuela, en ese caso mi esposo hubiera buscado una sordomuda. Pero muchas veces es necesario callar, mi suegro me dijo una vez, en una discusión Silvia, uno tiene que ceder, yo le dije por qué no ceder los dos, y terminar en paz. A paz nos ha llamado Dios.

Pero qué cosas, cuán necesarios son los gritos también, así como lo es comer, llorar, etc. Una vez una hermana que me ayudaba en casa, de repente me dijo que sentía deseos de llorar y de gritar, le pregunté si tenía algún problema, me dijo que no, pues deduje que ella tenía ansiedad, y le dije que con toda libertad ella podía ir a un sitio de la casa y gritar, y luego llorar, no fue necesario porque no más le dije eso y se soltó a reír, y allí terminó todo.

Dios usó los gritos de una muchedumbre para vencer a sus enemigos, y derribar una gran ciudad pagana. *«Entonces el pueblo gritó, y los sacerdotes tocaron las bocinas; y aconteció que cuando el pueblo hubo oído el sonido de la bocina, gritó con gran vocerío, y el muro se derrumbó. El pueblo subió luego a la ciudad, cada uno derecho hacia adelante, y la tomaron».* (Josué 6:20). Aunque no siempre son necesarios los gritos, ya que son ofensivos, especialmente cuando se usan en tono hiriente. Es entonces que debemos callar, hay momentos en que la acción inteligente es guardar silencio. Cuando Moisés mandó a los doce espías para que reconocieran la tierra de Canaán, hubo dos versiones, unos decían que esa tierra no se podía conquistar, porque había gigantes, y era una ciudad fortificada, pero Caleb los hizo callar.

«Entonces Caleb hizo callar al pueblo delante de Moisés, y dijo: Subamos luego, y tomemos posesión de ella; porque más podremos nosotros que ellos». (Números 13:30). Todo tiene su tiempo dice el predicador. Habacuc 2:20 nos exhorta a callar cuando Dios nos habla. *«Mas Jehová está en su santo templo; calle delante de él toda la tierra».* Cuándo usted y yo no debemos callar, cuando tenemos a quien predicarle y no lo hacemos, o nos quieren obligar a callar. *«Él, respondiendo, les dijo: Os digo que, si éstos callaran, las piedras clamarían».* (Lucas 19:40). La incredulidad de Zacarías hizo que durante todo el embarazo de su esposa no pudiera hablar, por no creer que para Dios no haya nada imposible. *«Y ahora quedarás mudo y no podrás hablar, hasta el día en que esto se haga, por cuanto no creíste mis palabras, las cuales se cumplirán a su tiempo».* (Lucas. 1:20).

Los discípulos tuvieron la experiencia más hermosa del Maestro, ellos abrumados, miedosos así como lo estaríamos nosotros, fueron a Jesús. *«Y levantándose, reprendió al viento, y dijo al mar: Calla, enmudece. Y cesó el viento, y se hizo grande bonanza».* (Marcos 4:39). Constantemente necesitamos esa Grande

Bonanza. Dios nos ayude a tomar tiempo para callar, y tiempo para gritar, siempre y cuando tomemos en cuenta una actitud saludable. *«Quítense de vosotros toda amargura, enojo, ira, gritería y maledicencia, y toda malicia. Antes sed benignos unos con otros, misericordiosos, perdonándoos unos a otros, como Dios también os perdonó a vosotros en Cristo».* (Efesios 4:31,32).

FALSA NOTICIA

Para este día salió una noticia que pronosticó alguien diciendo que sería el Fin del Mundo, la noticia decía: (las profecías de Nostradamus sumado a sus cálculos astronómicos dan como resultado que **algo importante va a suceder el 28 de mayo de 2015**, y hay que estar preparado para el peor de los escenarios). Justamente este día en mi caminata diaria, observé un bello amanecer del cual tomé fotos, ya que me urgía enviarlas a un hermano en Cristo que me llamó alarmado por dicha noticia.

De una persona del mundo yo puedo esperar cualquier simpleza por su completa ignorancia en el conocimiento de Dios. Pero de alguien que ha vivido la vida en Cristo, ¡Por favor! Por qué creer lo que dice el mundo, por qué hacer lo que hace el mundo, por qué no aprendemos con seriedad lo que nos dice la Palabra de Dios, qué problema cuando no aprendemos a poner toda nuestra confianza en Dios. *«Así ha dicho Jehová: Maldito el varón que confía en el hombre, y pone carne por su brazo, y su corazón se aparta de Jehová».* (Jeremías 17:5). Prestamos más atención a lo que la gente nos dice, pienso que hay muchos que se quedaron «bonsayes espirituales», si es que se podría aplicar tal frase al mundo espiritual. Y no pretendo saberlo todo, sé muy poco, cada día aprendo algo más.

Otra hermana me dijo: «hermana estas son señales»; bueno, sí les confieso que quería gritar, no podía digerir tanta ignorancia, ella se refería a Mateo 24, donde muchos tienen una gran confusión, pues claramente se está hablando de la destrucción de Jerusalén en el año 70 D.C. Habla de esa generación, habla del asolamiento del templo, y de la persecución de sus discípulos; que no nos confundan las situaciones que se dan por causa del pecado, ya que el hombre no quiere vivir bajo la gracia de Dios. También que no nos confundan las inclemencias de la madre naturaleza.

No creo que estemos como la gente que seguía a Jesús, pidiendo señales, no las tendremos, por eso es que debemos de vivir como pueblo de Dios. Mi pequeño país es llamado «el valle de las hamacas», porque todos los días tiembla. En otros lugares son los tornados, en otros las sequías extremas, etc. La Palabra de Dios es clara. No prestemos oído a fabulas de viejas. Debemos ser astutos, prudentes y sencillos. *«Pero el día del Señor vendrá como ladrón en la noche; en el cual los cielos pasarán con grande estruendo, y los elementos ardiendo serán deshechos, y la tierra y las obras que en ella hay serán quemadas. Puesto que todas estas cosas han de ser deshechas, ¡cómo no debéis vosotros andar en santa y piadosa manera de vivir, esperando y apresurándoos para la venida del día de Dios, en el cual los cielos, encendiéndose, serán deshechos, y los elementos, siendo quemados, se fundirán! Pero nosotros esperamos, según sus promesas, cielos nuevos y tierra nueva, en los cuales mora la justicia».* (2ª Pedro 3:10-13).

¡Dios nos ayude a ser un poco como los de Berea, y que de esta manera realmente estemos más conscientes cómo vendrá nuestro Señor y cómo debemos de esperarle!

LA ESCRITURA EN EL SUELO

Escribir se me ha hecho parte de mi vida que aun enferma no deja mi mente de estar quieta pensando qué puedo escribir, qué puedo aportar, a quién puedo consolar, a quién puedo hacer reflexionar que debe vivir una vida sin culpas, sin pensamientos de odio para su hermano; a lo mejor es la única manera de hacer entender que: *«Si es posible, en cuanto dependa de vosotros, estad en paz con todos los hombres».* (Romanos 12:18). NO lo digo yo, mis palabras suenan huecas, lo dijo Cristo el que fue capaz de vernos y decirnos que valía la pena morir por nosotros.

Recuerdo que en la revista *«La Voz Eterna»*, escribí un artículo el cual llamó mucho la atención a un hermano anglosajón, me dijo que si le daba permiso de traducirlo al idioma Inglés, a lo cual accedí con mucho gusto.

En ese artículo hablaba de un niño he se hizo ermitaño, porque murieron sus padres, y el colono donde ellos vivían, en vida le había dicho a su padre que se lo llevaría él. Cuando este hombre fue por el niño ya no lo encontró, se internó en una montaña, donde comía frutas, estiércol de vacas, dormía en las copas de los árboles; me cuenta él que buscaba los árboles más frondosos donde nadie se diera cuenta de su existencia. Todo esto pasó desde los 5 años. Cuando él iba creciendo, bajaba a los ríos, su pelo había crecido y se había infectado de piojos, esa era su vida. Hasta que una vez vio a varios niños que venían de la escuela y él se unió a ellos, pero lo vieron extraño. Un día cuando ya tenía confianza con el grupo, les contó la historia, aquellos niños conocían bien al señor con el cual sus padres lo habían dejado al morir. Un día él se puso a hacer garabatos en el suelo, y uno de los niños le preguntó qué decía allí, él no quería decirles que no sabía leer ni escribir, él les decía adivíname, era cuando los niños le decían lo que él había puesto, les decía a que no me adivinas que es ésta, le decían es una A de esta forma. El niño se aprendió las vocales, luego el abecedario, escribiendo en el suelo.

Un día uno de los niños le dijo que si no se quería quitar el pelo, el dijo que sí pero no tenía con qué hacerlo; por fin los niños al día siguiente le llevaron unas tijeras, le quitaron el pelo y también todos los animalitos que vivían en sus largos cabellos.

Este niño creció derramando lágrimas, le prestaron un pantalón y una camisa, y así se incorporó a la civilización. Un día se enfermó, le dio una fiebre muy fuerte, al grado que él pensó que moriría, pero los planes de Dios no eran esos. Un buen samaritano lo encontró enfermo, y él le dijo que se iba a morir pues la fiebre era severa. *«Porque mis pensamientos no son vuestros pensamientos, ni vuestros caminos mis caminos, dijo Jehová».* (Isaías 55:8). El que le ayudó era miembro de la Iglesia de De Cristo, lo llevó a un hospital, y cuando le dieron de alta, el hermano le regaló una Biblia, y Gracias a los garabatos que hacía en el suelo, eso le ayudó a aprender a leer la Biblia, por eso él me dice: «Hermana, yo aprendí a leer en la Biblia». Luego conoció a una mujer que la hizo su esposa y procrearon varios hijos. Ellos, como algunas de sus hijas, aún continúan fieles al Señor.

Qué escribía Jesús cuando le llevaron a aquella mujer sorprendida en adulterio, hay tantas especulaciones. *«Mas esto decían tentándole, para poder acusarle. Pero Jesús, inclinado hacia el suelo, escribía en tierra con el dedo».* (Juan 8:6). Tuvo que ser algo tan fuerte como lo que les dijo: *«Y como insistieran en preguntarle, se enderezó y les dijo: El que de vosotros esté sin pecado sea el primero en arrojar la piedra contra ella».* (Juan 8:7). Escribió dos veces a tal grado que no soportaron ni sus palabras ni su escritura en el suelo con su dedo. Cristo continúa escribiendo pero en un Libro, en el de la vida, ¡Cuidémonos de estar inscritos en él!

EL MENDIGO

Estaba con mi familia en un pueblo con características campestres llamado ATACO. Mis ojos de repente se posaron en un hombre harapiento, con la mirada perdida, su ropa brillante de mugre y las moscas haciendo su trabajo por la suciedad de su vestimenta como de su cuerpo.

Me acerqué a él, le pregunté si había comido, me dijo que no, pues le habían robado su dinero. Le di algo para que comprara alimentos, me dijo con voz suave «Que Dios le Bendiga».

Siempre comento que mi debilidad son los ancianos y los niños porque ellos son indefensos. Permítanme decirles el significado de Mendigo, según el Diccionario Grijalbo dice que significa: «*Persona que vive de limosna*».

Nuestro Dios nos dejó en las Sagradas Escrituras como leyes humanitarias, las palabras y las acciones que debemos tener para las personas que viven de una limosna. Los mendigos o menesterosos siempre los tendremos, para saber qué clase de corazón tenemos ante los tales. «*Cuando haya en medio de ti menesteroso de alguno de tus hermanos en alguna de tus ciudades, en la tierra que Jehová tu Dios te da, no endurecerás tu corazón, ni cerrarás tu mano contra tu hermano pobre, sino abrirás a él tu mano liberalmente, y en efecto le prestarás lo que necesite*». (Deuteronomio 15:7,8).

El Señor Jesucristo nuestro Redentor nos relató la situación de un mendigo y un rico, una figura de la acción y reacción de un rico con uno al que ahora les relato fue tratada. «*Había también un mendigo llamado Lázaro, que estaba echado a la puerta de aquél, lleno de llagas, y ansiaba saciarse de las migajas que caían de la mesa del rico; y aun los perros venían y le lamían las llagas*». (Lucas 16:20,21).

Con solamente leer el pasaje me indigna, del trato que el mendigo recibía, lastimosamente existe en el mundo y en el seno de la Iglesia esta clase de personas. Sé de un hermano que vive como predicador de las Buenas Nuevas de Salvación con un escaso salario, éste, visita a otro hermano, que es un empresario al cual le va muy bien en sus negocios. El hermano que llega de lejos, debe ser bien tratado, por su condición, sin embargo, cuenta que casi no recibe nada de atención, y es mandado a dormir en un rincón. Es indignante, es de sacudirse el polvo y no volver a llegar. Sin embargo, le vuelve a visitar por causa de la Obra del Señor. El Señor le dará el debido premio a cada uno de ellos-

Recordemos de nuestros antepasados, que algunos sin saber hospedaron ángeles. Qué bueno que todos nos enfrentaremos en un juicio final, y allí será el lloro y el crujir de dientes. Que Dios nos ayude a tener empatía con los mendigos y menesterosos, dentro y fuera de la Iglesia. *«No os olvidéis de la hospitalidad, porque por ella algunos, sin saberlo, hospedaron ángeles».* (Hebreos 13:2).

LAS PALMERAS

Hablar de las palmeras es toda una panacea, por su modo en que éstas pasan a ser parte de la vida del ser humano. Según la información recabada, hacia el siglo XIX un tercio de la humanidad vivía gracias a las palmeras. Podemos disfrutar de una bebida exquisita como lo es el agua de coco, que es tan generoso que se puede consumir la comida. Además, es un suero natural que nos ayuda, no solo a calmar la sed, sino que también sirve para rehidratarse cuando su estómago no está trabajando en buenas condiciones. Dentro de su variedad se encuentra la palmera datilera, fruto muy sabroso y místico a la vez.

Comparto con ustedes esta hermosa vivencia que tuvimos como iglesia por doce años, ya que no teníamos local donde reunirnos, de manera que la iglesia rentó una casita en la cual no cabíamos. Sin embargo, ésta tenía la bendición de tener un área verde un poco grande, la iglesia construía ramadas de puras palmeras de los árboles de coco cada seis meses, pues el agua lluvia, viento y polvo las destruía. Era una verdadera alegría tanto para grandes como para chicos el construirlas. Repito, así estuvimos por doce años. En tales condiciones tuvimos campañas evangelísticas, bajo aquellas palmeras muchos obedecieron al

Señor; asimismo cada domingo era nuestro punto de encuentro para adorar a nuestro buen Dios.

El Antiguo Testamento nos habla de la utilidad que se les daba a las palmeras, servían de protección para que una mujer cuyo nombre es Débora, la cual era la única jueza que tuvo Israel en la antigüedad, emitiera juicio sobre quienes venían a ella. *«Gobernaba en aquel tiempo a Israel una mujer, Débora, profetisa, mujer de Lapidot; y acostumbraba sentarse bajo la palmera de Débora, entre Ramá y Bet-el, en el monte de Efraín; y los hijos de Israel subían a ella a juicio».* (Jueces 4:4,5).

Las palmeras tienen la virtud de adornar, a tal grado que pueden ser usadas como figura de lenguaje en la Palabra, para destacar la belleza de una mujer. *«Tu estatura es semejante a la palmera, Y tus pechos a los racimos».* (Cantares 7:7).

Estuvieron en los palacios, como también fueron las que darían la bienvenida al Hijo de Dios cuando se presentó como Rey en Jerusalén. *«El siguiente día, grandes multitudes que habían venido a la fiesta, al oír que Jesús venía a Jerusalén, tomaron ramas de palmera y salieron a recibirle, y clamaban: ¡Hosanna! ¡Bendito el que viene en el nombre del Señor, el Rey de Israel!».* (Juan 12:12,13).

Amar la Naturaleza, definitivamente es amar al Creador, sin darnos cuenta que podemos ser honrados al disfrutar con todos nuestros sentidos, tanto del perfume de una flor de Mirto como con la esplendidez de una palmera. A través de la historia, siempre se han usado como símbolo de victoria. Lo fue para Cristo, ¡cómo no serlo para nosotros!

FIN DE AÑO

Se termina el año, y comenzamos a recordar todo lo que vivimos, todo lo que nos pasó, todo lo que hicimos, todo lo que nos hicieron, y todo lo que nosotros hicimos; y juntos vienen el dolor, la tristeza, el llanto, la queja, el quebranto, las alegrías, porque nuestro Dios nos hizo con sentimientos muy delicados, propios de su esencia, sin embargo hay una parte de nosotros que hace lo que no es bueno como dice Pablo en Romanos 7:19 *«Porque no hago el bien que quiero, sino el mal que no quiero, eso hago»*. Sin embargo, podemos rectificar, o enmendar.

Pablo mismo nos invita a que continuemos, a pesar de no haber alcanzado todo lo que nos propusimos hacer en este año... Filipenses 3:13 «Hermanos, yo mismo no pretendo haberlo ya alcanzado; pero una cosa hago: olvidando ciertamente lo que queda atrás, y extendiéndome a lo que está delante,...» Tomemos fuerza como el águila y avancemos positivamente hacia adelante.

Si hacemos nuestras las palabras del predicador Eclesiastés cuando dice en el capitulo 3:1 *«Todo tiene su tiempo, y todo lo que se quiere debajo del cielo tiene su hora»*. Y majestuosamente enumera cada cosa en su tiempo, hace falta que nosotros lo llevemos a la práctica en nuestras vidas.

Cuán necesario se nos hace vivir un día a la vez, para que podamos hacer todo en su tiempo. En su tiempo él sana nuestros corazones apesadumbrados por los incontables pesares que pasamos en esta tierra que no es nuestro hogar.

En su tiempo, Dios hizo cosas hermosas para sus hijos que obedientemente le seguimos. Tiempo en que hizo pacto con Abraham, y que hasta el día de hoy somos alcanzados por la bendición dada a ese hombre de fe. Porque el tiempo es una hora, un día, un mes, un año, una generación, un siglo. Cada día debemos hacer lo mejor para la eternidad, y que seamos recordados por las generaciones.

En su tiempo Dios nos venía anunciando de su misericordia para Jerusalén a través del profeta Isaías. 40: 1,2. *«Consolaos, consolaos, pueblo mío, dice vuestro Dios. Hablad al corazón de Jerusalén; decidle a voces que su tiempo es ya cumplido, que su pecado es perdonado; que doble ha recibido de la mano de Jehová por todos sus pecados».* Pero no solo para ese tiempo, sino para nosotros anunciándonos y preparándonos para recibir al que anunciaba Juan el Bautista. Mateo 3:3 *«Pues éste es aquel de quien habló el profeta Isaías, cuando dijo: Voz del que clama en el desierto: Preparad el camino del Señor...».*

Gálatas 4:4. Nos habla del momento justo del cumplimiento del tiempo en que vendría el Salvador. *«Pero cuando vino el cumplimiento del tiempo, Dios envió a su Hijo, nacido de mujer y nacido bajo la ley,...»* Bendito ese día, honremos, con nuestras vidas la entrega del Cristo, el Hijo de Dios.

Terminemos el año con mucho agradecimiento por todo lo que nuestro Dios nos permitió hacer, no olvidando las palabras del profeta Isaías, que por inspiración divina nos alienta al decirnos: «No temas, porque yo estoy contigo; no desmayes, porque yo soy tu Dios que te esfuerzo; siempre te ayudaré, siempre te sustentaré con la diestra de mi justicia». Y nuestro amado Jesucristo nos dice: *«No os dejaré huérfanos».* (Juan 14:18).

INSOMNIO

Alguien dijo que si nos pagaran por pensar en una noche de insomnio seríamos ricos.

Y es que sucede, que cuando no podemos dormir, nuestro cerebro no descansa, pensamos una cosa, y otra y otra, y eso nos debilita amanecemos cansados de no haber podido conciliar el sueño. Pero ¿podemos sacar algo positivo de este desequilibrio del sueño?

Claro que sí, muchos buenos pensamientos son escritos en nuestras noches de insomnio. Sin embargo suele suceder que una tribulación, una congoja, o un dolor, nos pueden causar que se nos vaya el sueño. Le sucedió al rey Darío, cuando fue objeto de una confabulación que hicieron los sátrapas en contra de su amigo Daniel, al aconsejarle que todo el que adorare a otro dios que no fuera él, fuera echado en el foso de los leones.

Estas personas sí que tenían tiempo para odiar, lamentablemente, en el seno de la iglesia, hay quienes desperdician el tiempo en estar tramando algún mal en contra de sus propios hermanos, siendo todos de un mismo Padre. Estos usan el insomnio para la maldad, pues son muy parecidos a estos hombres del relato. A Daniel esto no le causó ningún problema en doblar rodillas ante su Padre, y no tenía por qué esconderse, pues abrió de par en par las ventanas que daban hacia la ciudad amada de Jerusalén, y no lo hizo una vez, lo hizo tres veces cada día.

Es que como dice el dicho, «el que nada debe, nada teme». Sin embargo, el foso le esperaba a Daniel, en el cual con toda confianza entró, porque mayor era el que estaba con él, que el que está en el mundo.

Al rey Darío se le fue el sueño al pensar en su amigo Daniel: «*Luego el rey se fue a su palacio, y se acostó ayuno; ni instrumentos* de música fueron traídos delante de él, y se le fue el sueño». (Daniel 6:18). Las fieras se comportaron mansamente, ningún mal me han causado, pues mi Dios conmigo está. Daniel se expresó de la siguiente manera: «Mi Dios envió su ángel, el cual cerró la boca de los leones, para que no me hiciesen daño, porque ante él fui hallado inocente; y aun delante de ti, oh rey, yo no he hecho nada malo». (Daniel 6:22).

Meditemos en este relato histórico con mucho cuidado. Porque el final para estos hombres fue doloroso, pues dañaron a sus propias familias con la maldad que conspiraron en contra de un hombre de Dios. De esta misma forma dañamos a nuestras familias, pero primordialmente, que nos haga pensar, el daño que causamos al cuerpo de Cristo que es su iglesia comprada con la sangre reciosa de Nuestro Señor Jesucristo.

«Y dio orden el rey, y fueron traídos aquellos hombres que habían acusado a Daniel, y fueron echados en el foso de los leones ellos, sus hijos y sus mujeres; y aún no habían llegado al fondo del foso, cuando los leones se apoderaron de ellos y quebraron todos sus huesos». (Daniel 6:24).

MI CASA

Creo que a todos nos pasa cuando salimos, cómo extrañamos nuestro rinconcito. Pero qué tristeza para aquellos que no se sienten cómodos en su casa, porque siempre vive Satanás con ellos. Pues donde hay celos, insultos, y gritos, no dan deseos de estar, o donde uno de los dos no es valorado, donde se terminó el enamoramiento, las palabras que nos hicieron fijarnos el uno al otro. Se ven como enemigos, como perfectos extraños, el hombre se conformó con ya estar casado y punto.

Cuando convertimos nuestra casa en hogar, dice un canta autor: *Nuestro hogar es un refugio donde nuestro corazón está seguro. Nuestro hogar es tierra fértil donde el fuerte nunca es mayor que el débil.*

Nuestro hogar es la esperanza donde no hay cabida para la arrogancia. Nuestro hogar pequeño cielo un ejemplo de niño de lo que anhelo.

Que la meta sea vivir por siempre tú y yo, hasta la eternidad.

No permitamos que Satanás nos robe toda esta bendición que hemos adquirido de Dios, que nuestro hogar no sea un lugar donde no queremos estar, sino donde anhelemos llegar después de nuestra faena dura.

«Casa», según el diccionario lo define con estas palabras: *«Construcción acomodada para vivienda, conjunto de personas que sirven a una familia».* La Biblia lo define en un sentido espiritual como: Descendencia, edificio, familia, habitación, templo. Una casa o un hogar, es de mantenerlo, en las condiciones higiénicas libre de cualquier suciedad, velando de esta manera por la salud física de cada persona que lo habita. Soy amante de la limpieza, y demando que los que viven conmigo, sean colaboradores de mantener ordenada y limpia la casa donde todos salimos ganando en salud física.

Pero existe otra clase de limpieza la cual también es urgente mantenerla en nuestros hogares, comenzando con las palabras. *«Sea vuestra palabra siempre con gracia, sazonada con sal, para que sepáis cómo debéis responder a cada uno».* (Colosenses 4:6). De esta manera debemos glorificar a Nuestro Dios y decir las palabras que Josué con toda autoridad dijo como despedida a aquellas tribus de Israel. *«Reunió Josué a todas las tribus de Israel en Siquem, y llamó a los ancianos de Israel, sus príncipes, sus jueces y sus oficiales; y se presentaron delante de Dios». «Y si mal os parece servir a Jehová, escogeos hoy a quién sirváis; si a los dioses a quienes sirvieron vuestros padres, cuando estuvieron al otro lado del río, o a los dioses de los amorreos en cuya tierra habitáis; pero yo y mi casa serviremos a Jehová».* (Josué 24:1,15).

Reconozco que muchas veces nuestros hogares apestan, no de la limpieza higiénicamente hablando; sino de la hediondez, cuando nos comportamos como las pandillas que no se pueden ver con la pandilla contraria. Dejamos que Satanás gobierne nuestros hogares, dándole rienda suelta a toda la suciedad que emanan nuestras mentes y conciencias, olvidándonos del amor que nos unió. Tanta preparación para una boda, para que, en pocos meses, u años, ensuciarla con todos los frutos de la carne. El Salmista nos dice: *«Jehová, la habitación de tu casa he amado, Y el lugar de la morada de tu gloria».* (Salmos 26:8). Que estas palabras nos sirvan, para amar nuestro hogar, asimismo como a nuestra alma donde mora el Espíritu Santo, y que reflexionemos cómo nos estamos comportando en nuestros hogares, y que nos decidamos a ser mejores, esposos, esposas, mejores hijos, donde anhelemos una atmosfera donde digamos: *«...yo los llevaré a mi santo monte, y los recrearé en mi casa de oración; sus holocaustos y sus sacrificios serán aceptos sobre mi altar; porque mi casa será llamada casa de oración para todos los pueblos».* (Isaías: 56:7). Tomemos la parte que nos corresponde de esta reflexión.

LOS DESAFÍOS DE LA TECNOLOGÍA

Hablar de los desafíos es el pan diario, ya que salimos de nuestros hogares y no sabemos si volveremos.

El ser humano cada día se enfrenta a una gama de de innovaciones tecnológicas, que prácticamente nos hace que vivamos alejados de la realidad viviendo en un mundo totalmente cibernético. El hombre cada minuto esta inventándose algo novedoso, llamándole medios inteligentes. Sin embargo hay uno en los cielos que tiene los ojos puestos en la ciencia. Entendemos según el diccionario que *«desafío es todo aquello nuevo que no lo experimentamos hasta que lo vivimos»*. El hombre a través del intelecto tecnifica, y es así que hemos llegado a la ahora llamada Tecnología Digital, todo esto ha venido evolucionando a tal grado que el mundo se ha convertido en el siglo de la de la tecnología globalizada, los cambios van sucediendo a pasos agigantados, a tal grado que las personas que nacimos en el siglo pasado tenemos que aprender las nuevas estrategias digitales de la internet.

Antes decíamos que el niño venía con el pan debajo del brazo, ahora nace con el video juego debajo del brazo, esto no es malo pues no solamente son divertidos sino que estimulan la coordinación viso motora, ayuda al razonamiento deductivo, y son buenos para la memoria a corto y largo plazo, mejoran el razonamiento abstracto, así como la atención y el auto control. El problema está en el mal uso, en cuanto al tiempo, dedicación, o contenidos no apropiados, para la edad del usuario.

El desafío es cómo usar estos medios, ya que todo mundo tiene un celular, un Ipad, una tableta, y todas las innovaciones que van apareciendo. Esto es novedoso, atractivo y útil. Sin embargo, por el descontrol que hay en los hogares, estos se están separando, ya que tanto los hijos como los padres viven conectados. Olvidándonos de las palabras del Maestro de Galilea. *«...por tanto, lo que Dios juntó, no lo separe el hombre»*. (Mateo 19:6).

Todos en casa hacen lo que quieren y como quieren, ya que la tecnología ha reemplazado la unidad familiar. Tal situación nos puede llevar a lo que sucedía en la época de los reyes de Israel. *«En aquellos días no había rey en Israel; cada uno hacía lo que bien le parecía»*. (Jueces 17:6).

No podemos negar que el espíritu dominante del mundo de hoy, también se ha infiltrado dentro de la iglesia, llevando a ésta a salirse del camino recto trazado por la Palabra, para entrar en terrenos peligrosos en cuanto a la formación de la vida de los cristianos. Tengamos cuidado no convirtamos la iglesia del Señor en un restaurante con un menú ajustado a nuestros deseos.

Existe un descontrol con los jóvenes y adultos, pensamos que están buscando textos bíblicos, y lo que están haciendo a la hora del sermón, es mandando mensajes de texto, o divirtiéndose con algún juego. «Por tanto, no seáis insensatos, sino entendidos de cuál sea la voluntad del Señor». (Efesios 5:17).

El Chat, si no se controla, usted vivirá controlado por él, el facebook úselo para edificar o para transmitir buenas cosas, no para denigrar a su hermano. Usemos estos medios con responsabilidad. Ya que todas estas redes tienen un lado obscuro, las redes nos conectan con nuestros amigos, pero también con los que no lo son, recuerde que allí está toda su información personal, ¡tenga cuidado! *«Todas las cosas me son lícitas, mas no todas convienen; todas las cosas me son lícitas, mas yo no me dejaré dominar de ninguna».* (1ª Corintios 6:12).

Cuidemos nuestra libertad que es un precioso don que Dios nos ha dado. *«Porque vosotros, hermanos, a libertad fuisteis llamados; solamente que no uséis la libertad como ocasión para la carne, sino servíos por amor los unos a los otros».* (Gálatas 5: 13).

Recordemos que somos templo y morada del Espíritu Santo. *«¿O ignoráis que vuestro cuerpo es templo del Espíritu Santo, el cual está en vosotros, el cual tenéis de Dios, y que no sois vuestros?».* (1ª Corintios 6:19).

LA COPA

En estos días (Junio 2018) solo se habla de la copa, o sea del Campeonato Mundial de Futbol en Brasil. No es para menos, la gran mayoría de hombres se vuelven locos por patear la pelota, unos se salen de sus casillas cuando su equipo no va ganando. También, ahora un buen número de mujeres se han unido a este apasionante deporte, a tal grado que ya hay equipos de futbol femeninos a nivel de competidoras mundialistas, a tal grado que los aficionados gritan más de la cuenta.

En el juego del futbol no hay límites para las emociones, nadie puede impedirle que no se emocione, es un deporte sano para la salud, elevando a altos grados de adrenalina al cuerpo humano, tanto para los jugadores como para los espectadores. Tanto impera este juego, al grado que por todas partes alquilan canchas para que después de un arduo trabajo, los hombres vayan a dejar el stress, dándole duro a la pelota, sudando y gritando.

¿Es pecado sentir todo esos frenéticos sentimientos por el futbol? De ninguna manera, es bueno de vez en cuando dar un par de gritos para ejercitar los pulmones. Usted lo sabe, nacemos llorando, quizás dando gritos, por la primera nalgada que recibimos de parte del médico o la partera. Pero qué significa futbol. En inglés Football, Foot = pie; ball = pelota. Es un deporte que se juega entre dos equipos de 11 jugadores cada uno, se juega en un campo entre 90-120 metros de largo, por entre 45-90 metros de ancho, y consiste en que cada equipo, impulsando un balón con todo el cuerpo, excepto los brazos, introduzca aquél en la meta, o sea la portería del contrario. Esto lo dice el diccionario, yo no soy aficionada a este juego. Pero qué manía que muchas personas como yo, no podemos ver algo cuando vamos caminando, especialmente si andamos haciendo ejercicios, vemos algo redondo o semi redondo y lo que hacemos es darle con el pie y comenzamos a jugar con ese objeto. Así que no le veo ningún pecado, y más si el premio es ganarse una copa de oro.

Sin embargo, para nosotros los cristianos como hijos de Dios, el apóstol Pablo nos aconseja no dejar dominarnos por el deporte quitando a Cristo de su corazón. *«Todas las cosas me son lícitas, mas no todas convienen; todas las cosas me son lícitas, mas yo no me dejaré dominar de ninguna».* (1ª Corintios 6:12). Ese es el terrible problema, especialmente si dejamos de reunirnos el primer día de la semana. Poner el deporte en una forma muy, pero muy en alto, a tal grado que ocupe el lugar que solo a Dios le pertenece, eso sí es pecado. No vale la pena por nada del mundo, perder nuestra relación con Dios que sacrificó a su único hijo por nosotros con el único fin de que vivamos con ÉL en el cielo. *«Así que, el que piensa estar firme, mire que no caiga».* (1ª Corintios 10:12).

Nosotros también seremos premiados por nuestra fidelidad a Dios al final de nuestras vidas consagradas a ÉL. Salmos 23:5 nos dice que nuestra copa debe estar rebosando, estar tan lleno de las cosas de Dios será nuestro deleite siempre. *«Aderezas mesa delante de mí en presencia de mis angustiadores; Unges mi cabeza con aceite; mi copa está rebosando».* No trato de privarle que se deleite viendo el campeonato mundial de futbol. Solamente anhelo hacerle despertar que la copa que nosotros como hijos del Altísimo tendremos, no tiene comparación. Recordemos que no tenemos ni día ni hora en que Cristo vendrá. *«...despojémonos de todo peso y del pecado que nos asedia, y corramos con paciencia la carrera que tenemos por delante, puestos los ojos en Jesús, el autor y consumador de la fe, el cual por el gozo puesto delante de él sufrió la cruz, menospreciando el oprobio, y se sentó a la diestra del trono de Dios».* (Hebreos 12:1,2). Recordemos que el Cordero de Dios fue el Único que era digno de abrir el libro. Los ancianos que presentaban su adoración a ÉL, estos tenían copas llenas de nuestras oraciones. *«Y cuando hubo tomado el libro, los cuatro seres vivientes y los veinticuatro ancianos se postraron delante del Cordero; todos tenían arpas, y copas de oro llenas de incienso, que son las oraciones de los santos...»* (Apocalipsis 5:8).

Capítulo 5

«Como Padre se

compadece»

INMIGRANTES

Este tema va cargado de dolor, de recuerdos imborrables para todos aquellos que han dejado su lugar de origen, buscando un mejor porvenir. Otros por salvar sus vidas, unos tienen suerte, en lograr su sueño, a otros en el camino se les desvaneció, y lo más trágico, encontraron la muerte en un lugar desconocido, donde las aves terminaron con sus cuerpos. Otros encarcelados por violar las leyes de otros países.

Hay tantas historias, relatos que cuando los escuchamos, son realmente una pesadilla vivida, que aunque logren su sueño, la pesadilla les oscurece el gozo.

AYLAN un inocente niño sufrió junto a su familia un viaje desconocido, que no vivió para recordarlo, apenas con tres añitos supo de la agonía que vivió cuando ya las fuerzas de su padre se debilitaron y no lo pudo sostener, ya que el barco en que iban naufragó, huían de la ciudad de Kurda de Kobane ubicada al Norte de Siria, fue tan indescriptible la muerte de AYLAN que todo mundo hizo silencio al presenciar el cuerpecito en una playa turca.

Todos anhelamos lo mejor para nuestras familias y esto volverá a pasar una y otra vez, lamentable y tristemente.

La Palabra divina relata mucho sobre los inmigrantes. Tenemos a Abram que Salió de su lugar de origen, pero esto no se le ocurrió a Abran, esto fue un mandato de Dios. *«Pero Jehová había dicho a Abram: Vete de tu tierra y de tu parentela, y de la casa de tu padre, a la tierra que te mostraré».* (Génesis 12:1). A pesar de todo tenía que enfrentarse, a lo que fuere, inclusive a mentir para salvar su vida. *«…y cuando te vean los egipcios, dirán: Su mujer es; y me matarán a mí, y a ti te reservarán la vida. Ahora, pues, di que eres mi hermana, para que me vaya bien por causa tuya, y viva mi alma por causa de ti».* (Génesis 12:12,13). También tuvo un altercado con su hermano. *«Y hubo contienda entre los pastores del ganado de*

Abram y los pastores del ganado de Lot; y el cananeo y el ferezeo habitaban entonces en la tierra. Entonces Abram dijo a Lot: No haya ahora altercado entre nosotros dos, entre mis pastores y los tuyos, porque somos hermanos». (Génesis 13:7,8). Guerras contra los enemigos de Dios, luchando por preservar la vida y la de los suyos.

Dios bendice a aquellos inmigrantes, que se mantienen firmes en su fe, debido a tanta pobreza muchos salen buscando el anhelado sueño americano, donde han establecido un lugar donde adorar a Dios como lo hizo Abram. La iglesia de Cristo es un claro ejemplo de inmigración donde buenos hombres y siervos de Dios han establecido Obras maravillosas en muchos países, siervos los cuales en los presentes días continúan predicando el Evangelio de Salvación. «*...pero recibiréis poder, cuando haya venido sobre vosotros el Espíritu Santo, y me seréis testigos en Jerusalén, en toda Judea, en Samaria, y hasta lo último de la tierra*». (Hechos 1:8).

Las diásporas se seguirán dando, ya sea por el hambre, o por salvar la vida, o por religión, de manera que continuaremos viendo y oyendo noticias desgarradoras que lo único que nos queda es elevar una oración para que terminen las guerras, para que se opaque el odio entre naciones, para que nuestros gobiernos sean capaces de mantener medios de subsistencia a fin de que las familias se mantengan unidas, y que no tengamos que presenciar otra imagen como la que nos dejó AYLAN.

Seamos responsables en NO dejar de orar por los que están en eminencia. El apóstol Pablo por inspiración divina nos lo enseña. «*Exhorto ante todo, a que se hagan rogativas, oraciones, peticiones y acciones de gracias, por todos los hombres; por los reyes y por todos los que están en eminencia, para que vivamos quieta y reposadamente en toda piedad y honestidad. Porque esto es bueno y agradable delante de Dios nuestro Salvador, el cual quiere que todos los hombres sean salvos y vengan al conocimiento de la verdad*». (1ª Timoteo 2:1-4).

Recordemos que todos somos inmigrantes, porque estamos de pasada en esta tierra, subiendo y subiendo llegaremos a la Canaán Celestial. «*Mas nuestra ciudadanía está en los cielos, de donde también esperamos al Salvador, al Señor Jesucristo...*» (Filipenses 3:20).

INTERROGATORIO

Muchas veces hemos sido objeto de interrogatorios unos legales y otros ilegales, me pasó con una de mis hijas cuando veníamos de Turquía, y cuando pasamos por el aeropuerto de Holanda nos apartaron y nos metieron a un cuarto y comenzaron a interrogarnos, nos hicieron muchas preguntas, algunas contestábamos y otras que ni era necesario pues andábamos en misión con pasaporte oficial de nuestro gobierno. Sí, sentíamos temor pues no es lo mismo que lo interroguen en su país con su propio idioma y no con un idioma que no sabíamos para nada, pero lo que teníamos que decir era la verdad y nada más que la verdad.

Como siervos de Dios nosotros hemos interrogado a varios de nuestros hermanos por situaciones de pecado que se dan, y lo mejor es cerciorarse correctamente con los involucrados, y así no tomar un papel que sólo a Dios le corresponde. Cuando hemos orado y escuchado, el problema se ha solucionado, siempre que exista la verdad en los implicados.

Lo triste es cuando actuamos con saña, con carnalidad, como lo hicieron los fariseos con el Señor Jesús, cuando ÉL había sanado a un hombre que jamás había apreciado la cara de sus familiares, la naturaleza, ni siquiera a ÉL mismo en un espejo. Pero un día le llegó la bendición que Jesús le vio, hizo lodo con su saliva y le puso en los ojos y le mandó que se lavara en el estanque, y regresó viendo. Pero había espectadores que siempre los hay, y que no hacen nada, pero sí saben sembrar cizaña. Y comienza el interrogatorio de los fariseos enemigos de Cristo porque siempre les decía la verdad de la que ellos carecían. ¿Cómo fuiste sanado? Él solamente decía la verdad. *«Volvieron, pues, a preguntarle también los fariseos cómo había recibido la vista. El les dijo: Me puso lodo sobre los ojos, y me lavé, y veo».* (Juan 9:14). Este hombre estaba gozoso, y solo decía lo que le había sucedido, no podía inventarse nada porque su desbordante alegría era mayor, contraria a la maldad de los fariseos que les ahogaba la Verdad misma del Gran Maestro de Galilea. El interrogatorio seguía, ya había tomado otro matiz, su firme intención era de querer condenar al sanador: *«Entonces volvieron a decirle al ciego: ¿Qué dices tú del que te abrió los ojos? Y él dijo: Que es profeta».* (Juan 19:17).

No les bastó interrogar al ciego sino que fueron donde los padres de éste, ¡qué maldad propia de los hijos del diablo! *«Pero los judíos no creían que él había sido ciego, y que había recibido la vista, hasta que llamaron a los padres del que había recibido la vista, y les preguntaron, diciendo: ¿Es éste vuestro hijo, el que vosotros decís que nació ciego? ¿Cómo, pues, ve ahora?».* (Juan 19:18,19).

Lamentablemente, hay muchos de estos dentro de la iglesia. No se asuste, pues hasta los demonios creen y tiemblan, los padres respondieron ecuánimemente, es verdad que éste es nuestro hijo y nació ciego, y la madre pudo haber dicho, yo le parí, y estoy más que segura que nació ciego. Pero lo que ahora le ha pasado no lo sabemos. *«Sus padres respondieron y les dijeron: Sabemos que éste es nuestro hijo, y que nació ciego; pero cómo vea ahora, no lo sabemos; o quién le haya abierto los ojos, nosotros tampoco lo sabemos; edad tiene, preguntadle a él; él hablará por sí mismo».* (Juan 19:20,21). ¡Qué necios, malos hasta los huesos estos fariseos! Volvieron a interrogarlo, así como cuando no hay compasión para nuestro hermano y hermana, deseamos que nos digan lo que no han hecho. *«Le volvieron a decir: ¿Qué te hizo? ¿Cómo te abrió los ojos?».* (Juan 19.26). El que había sido ciego les dio una lección a los fariseos, escoria de todos los tiempos, cuando le dijeron que conocían a Moisés pero que a éste no le conocían. «*Respondió el hombre, y les dijo: Pues esto es lo maravilloso, que vosotros no sepáis de dónde sea, y a mí me abrió los ojos*». (Juan 19:30). Les remató con decirles: «*Si éste no viniera de Dios, nada podría hacer*». (Juan 19:33).

Cuál es la diferencia de estos fariseos cuando nos portamos con nuestros hermanos de la misma manera. También, así como Pilatos cuando interrogó a Jesús, y aunque no encontró delito alguno, le mandó que fuera azotado. Por favor, no leamos la Palabra apresuradamente, detengámonos, analicémosla, pidamos ayuda a hermanos que son muy preparados en ella, y no expulsemos a diestra y siniestra a nuestros hermanos, como hicieron estos fariseos con este hombre, creyéndonos que somos lumbreras, y a algunos se les ha olvidado de donde vinieron, ya sea de cárceles, de prostituciones, de drogas, de borracheras, ladrones. Más Cristo hizo lodo y nos abrió los ojos y nos perdonó.

Que Dios nos ayude a ir pareciéndonos cada día al ¡HOMBRE DE GALILEA!

UNA IGLESIA MUERTA

Es así como el mundo religioso nos etiqueta, como una iglesia muerta, porque no aplaudimos, no usamos instrumentos musicales, no estamos gritando a cada instante los amenes que el mundo evangélico acostumbra.

Pero recapacitemos si tienen razón o no, ya que bíblicamente estamos en lo correcto. Tenemos un eslogan que dice. «*Hablamos donde la Biblia habla, y callamos donde ella calla*». Eso es verdad. Pero será que no estamos cantando con gracia en nuestros corazones, o que no estámos meditando en el mensaje del himno, que lo hacemos mecánicamente. Cantamos "Trabajad, Trabajad...", y no queremos hacer nada, entonces mentimos al cantar algo que no hacemos ni sentimos, está lejos de la realidad lo que demostramos.

El gozo está ausente, el escuchar la Palabra nos resulta tedioso. Si seguimos en esta monotonía, créanme que no seremos la iglesia por la que Cristo venga. Hay irreverencia al tomar la Cena del Señor, suenan celulares, hablamos con el que está al lado nuestro, si hay un bebé, comenzamos a jugar con él, etc. Lo que menos hacemos es tener una actitud digna del por qué hacemos ese memorial.

Nuestra actitud debe cambiar cuando como iglesia nos reunimos. Dios siempre es digno de suprema alabanza. *«Te exaltaré, mi Dios, mi Rey, Y bendeciré tu nombre eternamente y para siempre. Cada día te bendeciré, Y alabaré tu nombre eternamente y para siempre. Grande es Jehová, y digno de suprema alabanza; Y su grandeza es inescrutable».* (Salmos 145:1-3). Seamos sinceros ante ÉL para que no corramos la misma historia de Nadab y Abiú. A Dios no le presentaremos una adoración antojadiza. *«Nadab y Abiú, hijos de Aarón, tomaron cada uno su incensario, y pusieron en ellos fuego, sobre el cual pusieron incienso, y ofrecieron delante de Jehová fuego extraño, que él nunca les mandó. Y salió fuego de delante de Jehová y los quemó, y murieron delante de Jehová».* (Levíticos 10.1,2).

Aprendamos a sentir el mismo gozo de nuestros hermanos, cuando en medio del dolor y la persecución, siempre presentaban a Dios su gratitud. *«...hablando entre vosotros con salmos, con himnos y cánticos espirituales, cantando y alabando al Señor en vuestros corazones;...»* (Efesios 5:19). Tenemos que cambiar nuestro comportamiento al adorar a Dios. Las amonestaciones siguen vigentes para nosotros mientras Cristo no venga por Su iglesia. Las siete iglesias amonestadas en Apocalipsis, deben recordarnos que también nosotros tenemos faltas que a Dios no le agradan, y que podemos y debemos mejorar mientras aun su paciencia no se agota por su gran compasión a nosotros. Todas tenían algo bueno pero lo malo tenían que erradicarlo. Lo malo de la iglesia en Éfeso, volviendo a sus obras perversas: *«Pero tengo contra ti, que has dejado tu primer amor».* (Apocalipsis 2:4). La de Esmirna, su apariencia: *«...y la blasfemia de los que se dicen ser judíos, y no lo son, sino sinagoga de Satanás».* (Apocalipsis 2:9). La de Pérgamo, su desviación doctrinal: *"Pero tengo unas pocas cosas contra ti: que tienes ahí a los que retienen la doctrina de Balaán, que enseñaba a Balac a poner tropiezo ante los hijos de Israel, a comer de cosas sacrificadas a los ídolos, y a cometer fornicación. Y también tienes a los que retienen la doctrina de los nicolaítas, la que yo aborrezco».* (Apocalipsis 2:14,15). La de Tiatira, tolerando el pecado: *«Pero tengo unas pocas cosas contra ti: que toleras que esa mujer Jezabel, que se dice profetisa, enseñe y seduzca a mis siervos a fornicar y a comer cosas sacrificadas a los ídolos. Y le he dado tiempo para que se arrepienta, pero no quiere arrepentirse de su fornicación».* (Apocalipsis 2:20,21). La de Sardis, su apariencia: *«Yo conozco tus obras, que tienes nombre de que vives, y estás muerto». (Apocalipsis 3:1). La de Filadelfia, los mentirosos: «He aquí, yo entrego de la sinagoga de Satanás a los que se dicen ser judíos y no lo son, sino que mienten;...»* (Apocalipsis 3:9). La de Laodicea, los de doble cara: *«Yo conozco tus obras, que ni eres frío ni caliente. ¡Ojalá fueses frío o caliente! Pero por cuanto eres tibio, y no frío ni caliente, te vomitaré de mi boca».* (Apocalipsis 3:15,16). Y también la iglesia donde usted y yo nos reunimos, quizás la donde usted predica pueda que esté en algunas de estas condiciones.

Cuando presentemos nuestra alabanza a Dios demostremos toda nuestra reverencia. Porque adoramos a un Cristo vivo, un Cristo que no se quedó en la tumba sino que venció la muerte, y ahora vive y permanece para siempre. *«Así que, ofrezcamos siempre a Dios, por medio de él, sacrificio de alabanza, es decir, fruto de labios que confiesan su nombre».* (Hebreos 13:15). Que nadie nos diga que somos una iglesia muerta, demostremole al mundo, que nuestra reverencia y nuestro orden es lo que complace a nuestro Padre Celestial, al Señor Jesucristo y al Espíritu Santo.

LOS NIÑOS

Este artículo es tan dulce como la miel, aunque el comparativo tiene algunas restricciones, a los niños se les come a besos y no pasa nada, solamente se enteran de lo amado que son por sus padres.

Este mes, justo el primero de octubre, se celebra el día universal del niño, y los padres se los comen a besos, abrazos, regalos, así como las instituciones tanto de gobierno como empresas privadas, les hacen homenajes especiales ya sea con payasos, dulces, piñatas, etc. Nosotros en nuestras congregaciones, si se puede, les damos aunque sea un chocolate. Dado que vivimos en sociedad, los niños siempre esperan un detalle que les alegre y estimule su cándida alma.

Cuando hablo de los niños me enfoco con los cuales trabajo en la iglesia, tengamos mucho cuidado las que tenemos este ministerio. Recuerden que en sus casas, los niños hacen lo que sus padres les permiten, pero debemos enseñarles que cuando salen de casa el comportamiento tiene que ser diferente, de lo contrario van a ser maltratados. Cuando les llevamos a la iglesia ellos tienen que saber que van a una escuelita diferente, donde les enseñarán a conocer al Personaje más importante del Universo. *«El principio de la sabiduría es el temor de Jehová; Los insensatos desprecian la sabiduría y la enseñanza».* (Proverbios 1:7).

Un día un niño de 4 añitos me sorprendió cuando le dije qué lindo que estés en clase, y él me contestó, sí, sino mi mamá no me deja ver muñequitos. Doy un sabio consejo, no llevemos a las reuniones de la iglesia a nuestros hijos amenazándoles, , hábleles al corazoncito que está formando su carácter, recuerde que ellos son sinceros, ellos siempre contarán lo que ven u oyen en casa. Los niños necesitan ver más buenos ejemplos que críticas. Porque ellos no callan nada.

Recuerdo una vez, cuando mis hijas estaban muy pequeñas, pero ya de una edad que asimilan casi todo. Mi esposo me dijo: «Mira, y por qué tu mamá me hace mala cara». Mi madre había salido de casa. Cuando regresó, mi hija menor al abrirle la puerta, inmediatamente le dijo: «Abuela, y usted por qué le está parando la cara a mi papi». Ya se pueden imaginar, mi esposo quería que se lo tragara la tierra. Madres, tengamos cuidado con lo que decimos o hacemos delante de nuestros hijos. Por supuesto que la lección es para los papás también.

Estaba en el edificio de la iglesia una hermana con un problema, y le digo a uno de los niños: Sergio, ve y dale este juguito a la hermana que le indiqué, él se acerca y le entrega el jugo, cuando regresa me dice, hermana, «Hermana, qué tristeza tiene la hermana». Ustedes no tienen idea cómo me desgarró mi corazón, ya que yo sabía que estaba diciendo una mayúscula verdad. La hermana manifestaba en su rostro una enorme pena, a tal grado que un niño de 5 años la visualizó.

Es verdad, cuando decimos que los niños son el futuro de la iglesia, pues ellos sí lo serán, si las maestras son guiadas por el Espíritu Santo, y por supuesto que los padres también en sus hogares. Dios nos dará la gracia para enseñarles, con entusiasmo, con entrega, y ese niño(a), deseará que llegue cada domingo para verse con sus compañeritos, jugar, cantar, orar y escuchar de una manera creativa la Palabra de Dios.

No entretenga a los niños en las clases bíblicas, las clase bíblicas no son para ello, para eso están los parques y otros lugares de recreo, aproveche cada vez que se reúna la iglesia, tome a los niños aparte y enséñeles unos 15 minutos lo que contiene el Libro Sagrado, y siempre que esté enseñando a los niños debemos de tener abierta nuestra Biblia, como una muestra fehaciente que usted les instruye con la Palabra de nuestro Dios. No trate de impresionarles que usted sepa de memoria mucho del contenido de las Sagradas Escrituras porque ellos muchas veces son más listos que nosotros los adultos. *«Instruye al niño en su camino, Y aun cuando fuere viejo no se apartará de él».* (Proverbios 22:6).

Al iniciar la clase les pregunté: ¿Quién quiere ir al cielo? Todos a una voz dijeron, yo hermana, y el mas pequeñito me dice, hermana yo me voy a ir con mi papá, mi mamá y mis hermanitos, y también mi perro. Le respondí: está bien mi amor, lo hice con la ternura e inocencia que se merecía dicha afirmación de la candidez de un niño.

Qué chasco se llevaron los discípulos cuando públicamente, Jesús les llamó la atención al evitar que sus padres acercaran a ÉL a sus niños. *«Traían a él los niños para que los tocase; lo cual, viendo los discípulos, les reprendieron. Mas Jesús, llamándolos, dijo: Dejad a los niños venir a mí, y no se lo impidáis; porque de los tales es el reino de Dios. De cierto os digo, que el que no recibe el reino de Dios como un niño, no entrará en él».* (Lucas 18:16-18).

¡DIOS BENDIGA A TODOS LOS NIÑOS DEL MUNDO!

FACEBOOK

Hablar de Facebook, es decir el libro de las caras que se difunde en las Universidades. Fue precisamente en la Universidad de Harvard donde Marck Zuckerberg estudiaba a quien se le ocurrió la necesidad de un diccionario en línea, (Anuarios). Así tomó forma la red social, la cual se amplió mundialmente hasta convertirse en una de las redes sociales más populares. La mayor parte del ente humano posee Facebook, donde se conoce mucha gente, y también se reencuentran amigos que habían perdido comunicación, ¡fabuloso el Facebook!

Sin embargo, tiene sus reservas en cuanto al uso que se le da, usted no puede contar sus intimidades, o discutirse con alguien.

Tenemos que cuidar nuestro buen nombre, todo lo que usted escribe lo saben sus amigos y los amigos de sus amigos, y de esta manera Facebook ha tenido tragedias de jóvenes que al ver descubierta sus vidas optan por suicidarse, en vista de haber mostrado más de lo que no debían, por haber hablado más de lo prudente.

Cómo nos exhorta la Palabra de Dios, el problema es que siempre es ignorada. Cuándo Moisés hablaba con Dios, éste quería verle cara a cara, pero Dios le responde. *«El entonces dijo: Te ruego que me muestres tu gloria. Y le respondió: Yo haré pasar todo mi bien delante de tu rostro, y proclamaré el nombre de Jehová delante de ti; y tendré misericordia del que tendré misericordia, y seré clemente para con el que seré clemente».* (Éxodo 33:18,19). Dios podía haberlo hecho pero le estaba evitando una tragedia a Moisés al atreverse ver la Santidad de Dios. *«Dijo más: No podrás ver mi rostro; porque no me verá hombre, y vivirá».* (Éxodo 33:20).

Dios siempre quiere protegernos pero nosotros reusamos ser protegidos y hacemos nuestro antojo. Todos tenemos personas que con razón o sin ella, les caemos mal, y Facebook es un medio para descargar miles de bombas poderosas para maltratar a su prójimo. Por favor no diga todo, no enseñe todo. Los enemigos tomarán ventaja y le harán pasar un mal rato, no permita que nadie le robe su tranquilidad por ser imprudente.

Cómo nos da ejemplos la inspiración divina a la cual hay que aferrarse. Cuando Ezequías enfermó, Dios le dio su palabra que no moriría, pues Ezequías derramó su alma en una plegaria que fue aceptada por Dios. Pero sus enemigos se dieron cuenta, y decidieron congraciarse con él llevándole regalos; primero, yo de un enemigo no acepto ni una galleta, leamos lo que hizo Ezequías. «Y Ezequías los oyó, y les mostró toda la casa de sus tesoros, plata, oro, y especias, y ungüentos preciosos, y la casa de sus armas, y todo lo que había en sus tesoros; ninguna cosa quedó que Ezequías no les mostrase, así en su casa como en todos sus dominios». (2º

Reyes 20:13). Prácticamente se desnudó ante ellos. *«Y él le volvió a decir: ¿Qué vieron en tu casa? Y Ezequías respondió: Vieron todo lo que había en mi casa; nada quedó en mis tesoros que no les mostrase».* (2° Reyes 20:15).

Ahora Ezequías solo tenía que esperar la craza imprudencia que tubo al escuchar al profeta Isaías lo que Dios le adelantaba. «Entonces Isaías dijo a Ezequías: Oye palabra de Jehová: He aquí vienen días en que todo lo que está en tu casa, y todo lo que tus padres han atesorado hasta hoy, será llevado a Babilonia, sin quedar nada, dijo Jehová. Y de tus hijos que saldrán de ti, que habrás engendrado, tomarán, y serán eunucos en el palacio del rey de Babilonia». (2º Reyes 16,17,18).

Siempre me cuestionan del por qué no tengo Facebook, prefiero usar otros medios, donde yo pueda escuchar a la persona con la que estoy hablando. Tengamos cuidado y no seamos una víctima más de acoso, de calumnias, de malos propósitos, este hombre Mark Zuckerberg, creó Facebook con un buen excelente propósito. Dios anhela protegernos al mostrarnos Su verdad inmutable y rechazar todo lo que inquieta nuestro espíritu. El diablo quiere que mostremos todo para burlarse de los hijos de Dios, Jesucristo le dio una lección más. *«Y le llevó el diablo a un alto monte, y le mostró en un momento todos los reinos de la tierra… Si tú postrado me adorares, todos serán tuyos. Respondiendo Jesús, le dijo: Vete de mí, Satanás, porque escrito está: Al Señor tu Dios adorarás, y a él solo servirás».* (Lucas 4:5,7,8).

HAMBRE

Hemos sido diseñados con deseos, y necesidades que nuestro cuerpo requiere para poder vivir. El hambre es la sensación que indica la necesidad de alimentos. Paradojas de la vida, hay muchos países que están muriendo de hambre, debido a la escasez de alimentos básicos y en otros países están muriendo de obesidad por no saber controlar el hambre, por supuesto son países donde la abundancia reina.

EL que nos creó, también nos dio la capacidad para poder adquirir nuestro alimento y de esta manera sustentar nuestros cuerpos. Un día que no ingiramos alimento, el cuerpo se va debilitando, y lo terrible es tener hambre y no tener qué comer, eso pasa en ETIOPÍA, lugar donde los cadáveres especialmente de niños abundan por el hambre.

El pueblo de Dios tuvo la experiencia amarga de saborear en carne propia lo que es padecer el hambre. Dios usó este medio para hacerles recapacitar y moldear sus vidas hacia ÉL. Deuteronomio 41:54 expresa: *«Y comenzaron a venir los siete años del hambre, como José había dicho; y hubo hambre en todos los países, mas en toda la tierra de Egipto había pan».* También experimentaron lo que los niños, adultos, y jóvenes experimentan en Etiopía. *«Consumidos serán de hambre, y devorados de fiebre ardiente Y de peste amarga...»* (Deuteronomio 32:24).

Mas cadáveres hay deambulando por el mundo muriendo por hambre espiritual, porque teniendo el pan disponible a través de la Palabra de Dios, se reúsan a comerlo, están gordos físicamente, pero secos Espiritualmente por su rebeldía, por una grandeza que les ciega el cerebro para no buscar el conocimiento que verdaderamente sacia el alma.

Qué tranquilidad para el siervo de Dios que no tiene la preocupación, porque su delicia está en vivir la voluntad de Dios. *«Jehová no dejará padecer hambre al justo; Mas la iniquidad lanzará a los impíos».* (Proverbios 10:3). Jesucristo nos dejó bien claro que no sólo de pan vivirá el hombre, pero hay contentamiento porque lo material vendrá por añadidura. *«Jesús les dijo: Yo soy el pan de vida; el que a mí viene, nunca tendrá hambre; y el que en mí cree, no tendrá sed jamás. Mas os he dicho, que aunque me habéis visto, no creéis».* (Juan 6:35).

Llegará el día en que ya no tendremos necesidad del pan material, pero estemos seguros que lo hemos ganado por nuestra fidelidad a Dios. *«Ya no tendrán hambre ni sed, y el sol no caerá más sobre ellos, ni calor alguno...»* (Apocalipsis 7:16).

NUNCA

Nunca es una palabra escasa de tan solo tres consonantes y dos vocales. La pronunciamos regularmente cuando nos referimos a alguna cosa que no hemos hecho, o a algo que no pensamos hacer.

Nunca en el diccionario significa: Jamás, ninguna vez, en ningún tiempo. Se enfatiza como nunca jamás. (Diccionario Grijalbo). Hablando con una hermana quien reside en Houston, le pregunto cuál ha sido su experiencia en lo que ha vivido en estos días que el Huracán Harvey les ha azotado.

Me dice: Qué le puedo decir hermanita, voy a comenzar por los NUNCAS. Comienza diciéndome, nunca el agua había subido tanto en mi solar, nunca me había ido a refugiar al edificio de la iglesia, nunca mi casa se había goteado y menos dañado en una tormenta, nunca mi ciudad había sido una alberca gigantesca, nunca la ciudad de Houston había sido destruida totalmente por un huracán o una tormenta.

Termina con palabras propias de una verdadera hija de Dios en todo momento. Tengo mucho agradecimiento a Dios por su cuidado y misericordia para con nosotros porque a pesar de tanta destrucción, a nosotros no nos tocó tan fuerte todos los desastres causados.

Mi familia y yo estamos juntos y salvos, los daños de la casa se pueden reparar. Solamente quiero dejar ver que los NUNCAS existen y que nunca les damos la importancia que merecen, por esa razón nunca nos preparamos para estos momentos. Palabras de la bella y amada hermana Juanita Rangel.

Mi abuela siempre nos decía Nunca digan Nunca, pues como jóvenes la decíamos sin reparar en el significado.

Pero Dios que es tres veces Santo la pronunció como un pacto entre Noé y ÉL. Génesis 9:11. «*Este es mi pacto con ustedes: Nunca más serán exterminados los seres humanos por un diluvio, nunca más habrá un diluvio que destruya la tierra*». (NVI). Este pacto lo recordamos cada vez que vemos en el firmamento un arco iris.

La tranquilidad que tenemos los hijos de Dios es su cuido, su protección, por supuesto si dependemos de ÉL. En Josué 1:8 Dios exhorta a Josué un caudillo que continuaría la jornada de Moisés. La Reina Valera lo expresa así: «*Nunca se apartará de tu boca este libro de la ley, sino que de día y de noche meditarás en él, para que guardes y hagas conforme a todo lo que en él está escrito; porque entonces harás prosperar tu camino, y todo te saldrá bien*».

Cuando vivimos una vida apegada a Dios estas situaciones de tormentas, o cualquier catástrofe, como humanos sentimos temor, pero nuestra confianza en Dios nos hace que veamos estas situaciones en otra dimensión, con la confianza que arriba en los cielos Dios tiene el control. Deuteronomio 31:8 dice: «*El Señor mismo marchará al frente de ti y estará contigo; nunca te dejará ni te abandonara*». (NVI). No temas ni te desanimes. NUNCA DIGAS NUNCA.

LOS ANIMALES

Cuán importantes fueron los animales para nuestro Creador al grado que tomó dentro de la Creación tiempo para crearlos. Qué curioso que también el mismo día creó al hombre. *«E hizo Dios animales de la tierra según su género, y ganado según su género, y todo animal que se arrastra sobre la tierra según su especie. Y vio Dios que era bueno. Entonces dijo Dios: Hagamos al hombre a nuestra imagen, conforme a nuestra semejanza; y señoree en los peces del mar, en las aves de los cielos, en las bestias, en toda la tierra, y en todo animal que se arrastra sobre la tierra. Y creó Dios al hombre a su imagen, a imagen de Dios lo creó; varón y hembra los creó».* (Genesis1:25-27).

Los animales se mueven por instinto, pero el hombre lo hace con el derecho del pensamiento, del razonamiento, del libre albedrío. ¡Qué cosas! Siendo que somos tan especiales hechos a imagen y semejanza de Dios, muchas veces recibimos lecciones de los animales de su notable obediencia, a tal grado que al perro se le llama el fiel amigo del hombre, y es que este género ha salvado vidas a través de los tiempos. Los entrenan para detectar drogas y varios tipos de cosas ilícitas, y cuando mueren por vejez o en combate, son condecorados con honores como un soldado que muere en batalla por la defensa de su patria.

Cada animal tiene sus cualidades, estos llegan a transformarse en parte de la familia cuando se les educa adecuadamente. Es sorprendente su obediencia al grado que cuando Dios mandó el diluvio quiso preservarlos, y estos fueron tan obedientes que entraron de dos en dos en el arca. *«...de dos en dos entraron con Noé en el arca; macho y hembra, como mandó Dios a Noé».* (Génesis 7:9). En Nuestros países se construyen pasarelas para evitar accidentes viales en las personas, sin embargo, muchas de ellas no las usan. Y me sorprendí cuando vi que un hombre campesino para atravesar la carretera a su ganado vacuno, usa la pasarela, y estos obedientes animales caminan a través de ella sin ser maltratados por su amo. Sin embargo, el hombre es tan desobediente que infringe a cada instante las reglas que Dios ha puesto para mantener una relación armoniosa con él. Y muchas veces Dios tiene que castigarlo así como algunos animales cuando desobedecen. *«Te haré entender, y te enseñaré el camino en que debes andar; Sobre ti fijaré mis ojos. No seáis como el caballo, o como el mulo, sin entendimiento, Que han de ser sujetados con cabestro y con freno, Porque si no, no se acercan a ti».* (Salmos 32:8,9).

Dios para prevenir que un hombre sea usado para maldecir su nombre, hizo que una asna hablara. *«Entonces Jehová abrió la boca al asna, la cual dijo a Balaam: ¿Qué te he hecho, que me has azotado estas tres veces? Y Balaam respondió a la asna: Porque te has burlado de mí. ¡Ojalá tuviera espada en mi mano, que ahora te mataría!».* (Números 22:28,29). El ser humano continúa maltratando a Su Creación, cuando observamos los sacrificios a los cuales son expuestos los animales. Muchos son usados para buenas causas para terapias, además, qué excelente compañía son. Cómo es posible que el ser humano se comporte peor que un animal, matándose los unos con los otros. Lo peor que muchas veces en la iglesia no hacen falta armas para este odio. *«Todo aquel que aborrece a su hermano es homicida; y sabéis que ningún homicida tiene vida eterna permanente en él».* (1ª Juan 3:15). La desobediencia en el ser humano es una distinción propia de su mal corazón. *«Oíd, cielos, y escucha tú, tierra; porque habla Jehová: Crié hijos, y los engrandecí, y ellos se rebelaron contra mí. El buey conoce a su dueño, y el asno el pesebre de su señor; Israel no entiende, mi pueblo no tiene conocimiento».* (Isaías 1:2-3).

Que Dios nos ayude a tomar conciencia en que fuimos creados para alabanza, y obediencia para ÉL, y que los animales forman parte de Su hermosa Creación. Usted y yo, somos la corona de la Creación, no nos destruyamos a nosotros mismos.

Capítulo 6
«Florece como flor del campo»

LOS PIES

Para mi hablar de los pies es muy triste. Cuando estaba pequeña, era una niña que vivía con mi abuela en el campo, porque mi santa madre se mantenía trabajando, para poder darnos alimentación y las cosas necesarias, la veíamos cada 15 días. Cuando ella llegaba a vernos, mi pequeño corazoncito no tienen idea como se alegraba, mi hermana mayor, me decía, «ahora yo dormiré con mi mamá", yo le decía replicándole: "No yo dormiré con mi mamá». Tal situación nos hacía que termináramos peleando, al final, las dos dormíamos con ella. Lo extraño es que no dormíamos cerca de sus brazos, o de su pecho, sino que cada una agarrábamos un pie de ella y así nos dormíamos felices, cuando crecimos entendimos que le agarrábamos los pies para que ya no se fuera, porque al despertar ya no la encontrábamos, y teníamos que esperar otros quince días.

En mi juventud estudié Cosmetología, y una de las tareas que más me gustaba de las clases era hacer Pedicure, me gustaba tanto que hasta mis maestras querían que yo les limpiara sus pies, y así es como a muchas personas les he lavado los pies, y me he sentido satisfecha por lo bien que se han sentido las personas.

La Biblia dice que los pies son las partes a las que menos importancia les prestamos, cosa muy errada, pues los pies hacen una gran labor, nos llevan a todas partes. Dios cuidó mucho los pies de su pueblo cuando lo sacó de Egipto y anduvieron en el desierto, ya que por 40 años sus pies no se hincharon.

¿Le han dolido los pies alguna vez? ¿Ha tenido un uñero encarnado, u otra enfermedad, que le haya impedido caminar? Bueno, el Rey Asa, tuvo una enfermedad en los pies muy grave, lastimosamente el no invocó a Dios primero, sino que le dio la prioridad a los médicos. *«En el año treinta y nueve de su reinado, Asa enfermó gravemente de los pies, y en su enfermedad no buscó a Jehová, sino a los médicos».* (2º Crónicas 16:12).

Cuando nos cae algo en un pie, como duele, son tan sensibles, y muchas veces muy olvidados. Los orientales tenían por costumbre lavarle los pies a los extranjeros que venían de un viaje porque comúnmente estaban calzados solo con sandalias. Así fue como Abraham lavó los pies a los tres ángeles. Este servicio generalmente era practicado por los esclavos; por eso Abigail contestó a David cuando este la solicitó en matrimonio, que ella tendría como honor lavar los pies a los criados del rey.

Cuando Jesús fue invitado a una cena, una mujer sin ser invitada, agarra los pies de Jesús y comienza a perfumarlos y a llorar sobre ellos, y a enjugarlos con sus cabellos, el anfitrión contempla molesto diciendo, Este no sabe quién es esta mujer, claro que Jesús lo sabía, por eso le dice a Simón: «*Entonces una mujer de la ciudad, que era pecadora, al saber que Jesús estaba a la mesa en casa del fariseo, trajo un frasco de alabastro con perfume;... Y vuelto a la mujer, dijo a Simón: ¿Ves esta mujer? Entré en tu casa, y no me diste agua para mis pies; mas ésta ha regado mis pies con lágrimas, y los ha enjugado con sus cabellos. No me diste beso; mas ésta, desde que entré, no ha cesado de besar mis pies*». (Lucas 7:38,44-45).

Los pies son tan importantes como lo son los demás miembros del cuerpo. María de Betania cuando Jesús les visitaba, ella salía corriendo a saludarlo no con un abrazo, no con un beso, ella le tomaba los pies, como cuando yo agarraba a mi madre para decirle que ya no se fuera que ya no me dejara. Un canto que con frecuencia entonamos en las congregaciones dice así:

«*A los pies de Jesucristo*
Es el sitio allí mejor escuchando cual María
Las palabras de su amor...»

No usemos nuestros pies para correr a hacer el mal, en contra de nuestro hermano. Porque Dios lo aborrece. «*El corazón que maquina pensamientos inicuos. Los pies presurosos para correr al mal»*. (Proverbios 6:18). Dios se alegra cuando les damos buen uso. «*¡Cuán hermosos son sobre los montes los pies del que trae alegres nuevas, del que anuncia la paz, del que trae nuevas del bien, del que publica salvación, del que dice a Sion: ¡Tu Dios reina!»*. (Isaías 52:7). Nuestros pies deben ser usados para pregonar las buenas nuevas. «*...y calzados los pies con el apresto del evangelio de la paz»*. (Efesios 6:15). En un mundo de enemistades y violencia, el soldado de Dios debe esparcir la Paz usando mente, corazón y el buen uso de sus pies.

COMIENDO CON EL REY

Un hermano me dijo una vez, que «en esta vida no hay como un buen comer». efectivamente yo lo creo que sí, pues el alimento material es tan exquisito, y mucho más si se tiene mucha hambre.

Es delicioso también si se comparte con una buena compañía, un buen hermano, o hermana, o un verdadero amigo o amiga, con quien se pueda mantener una muy buena conversación, no necesariamente tiene que ser de religión, ya que si usted se nutre en la buena lectura, créame que siempre tendrá tema de conversación. Dijo alguien que: «*Hay libros que son para degustar, y otros para digerir»*.

Deliciosamente podemos pasar buenos momentos con una persona especial. Pero si se le da el privilegio de comer con un rey esto es otro cuento. Tendríamos que pensar en nuestra vestimenta, también cómo cambiarían nuestros métodos de formalismos y etiqueta.

Conozco de alguien que comió con el rey todos los días, este era un niño de 5 años que por una caída quedó lisiado, cuando a su nodriza por salvarle la vida se le cayó. Evidentemente que de por sí a una persona normal le cuesta ganarse el pan diario, no digamos a una persona discapacitada. Hablo de Mefi-boset. *«Jonatán hijo de Saúl tenía un hijo lisiado de los pies. Tenía cinco años de edad cuando llegó de Jezreel la noticia de la muerte de Saúl y de Jonatán, y su nodriza le tomó y huyó; y mientras iba huyendo apresuradamente, se le cayó el niño y quedó cojo. Su nombre era Mefi-boset».* (2º Samuel 4:4). El padre de este niño había desarrollado una hermosa amistad, que ahora era el momento de ser recordada: David y Jonatán. Qué bella amistad, la cual para nuestro ejemplo quedó para recordar; así como en una red cuando son atrapados muchos peses, dentro de ella hay unos especiales. *«Cuando David fue proclamado rey, hace esta pregunta: El rey le dijo: ¿No ha quedado nadie de la casa de Saúl, a quien haga yo misericordia de Dios? Y Siba respondió al rey: Aún ha quedado un hijo de Jonatán, lisiado de los pies».* (2º Samuel 9:3).

Mefi-boset -es probable como se hace el comentario bíblico- que tuviera miedo de David, pues era el nieto de Saúl su enemigo y por eso vivía calladamente, hasta que el rey lo manda a buscar. *«Entonces envió el rey David,… Y vino Mefi-boset, hijo de Jonatán hijo de Saúl, a David, y se postró sobre su rostro e hizo reverencia. Y dijo David: Mefi-boset. Y él respondió: He aquí tu siervo».* (2° Samuel 9:5,6).

David le da confianza, diciéndole: *«Y le dijo David: No tengas temor, porque yo a la verdad haré contigo misericordia por amor de Jonatán tu padre, y te devolveré todas las tierras de Saúl tu padre; y tú comerás siempre a mi mesa».* (2° Samuel 9:7)). Alguna vez tuvieron que coincidir en comer juntos, y recordar la bella amistad que vivieron con su padre. Pero esto de comer en la mesa del rey y con el rey es como un cuento, pero que el rey le prepare la comida a lo mejor no lo cree, pero sí lo fue. Los discípulos de Nuestro Señor Jesucristo tuvieron esta hermosa y bella experiencia. *«Al descender a tierra, vieron brasas puestas, y un pez encima de ellas, y pan. Jesús les dijo: Traed de los peces que acabáis de pescar. Les dijo Jesús: Venid, comed… Vino, pues, Jesús, y tomó el pan y les dio, y asimismo del pescado».* (Juan 21:9,10,12,13).

Nosotros como hijos de un Rey también tenemos ese privilegio, cuando comemos nuestros alimentos y damos gracias, estamos comiendo con el Rey.

Pero no solo eso, recordemos que tenemos una cita final con el Rey pues nos invita a una cena, a la cual todos los fieles estamos invitados, y tenemos que estar preparando nuestro vestuario, porque no habrá colores, ni tallas, pues vestiremos el mismo traje. *«He aquí, yo estoy a la puerta y llamo; si alguno oye mi voz y abre la puerta, entraré a él, y cenaré con él, y él conmigo».* (Apocalipsis 3: 20). Tendremos el mejor banquete del mundo, por favor NO se lo valla a perder porque Nuestro rey nos invita y nos estará esperando no permita que nada ni nadie le robe este regocijo eterno. *«Bienaventurados los que lavan sus ropas, para tener derecho al árbol de la vida, y para entrar por las puertas en la ciudad».* (Apocalipsis 22:14).

ABRE TU VENTANA

Cuando están construyendo una vivienda, los dueños siempre le dicen al constructor, cuántas ventanas desean. Especialmente en los dormitorios es primordial que se tengan una o más ventanas lo cual depende de su tamaño. Luego es fundamental que en la sala exista una ventana grande la cual puede estructurarse con una serie de elegantes diseños.

Qué relajante es llegar a casa y abrir las ventanas para que entre brisa la cual viene a darle calidez a nuestros hogares. Por supuesto hablo de países de clima cálido como El Salvador y muchos otros más.

Se ha puesto usted a pensar cómo Dios ordenó que Noé solamente le construyera una ventana al arca. *«Una ventana harás al arca, y la acabarás a un codo de elevación por la parte de arriba;*

y pondrás la puerta del arca a su lado; y le harás piso bajo, segundo y tercero». (Génesis 6:16).

Esto tuvo que haber sido un caos con tantos animales y solamente una ventana, vivir un día a lo mejor fue desesperante. Pero Noé y su familia estuvieron más de un día. *«Porque pasados aún siete días, yo haré llover sobre la tierra cuarenta días y cuarenta noches; y raeré de sobre la faz de la tierra a todo ser viviente que hice».* (Génesis 7:4).

La única ventana construida fue abierta, a los 40 días como Dios lo había ordenado a Noé. Qué aliento para toda la familia respirar aire fresco con aroma diferente. El que tuvo el privilegio de salir fue un cuervo. *«...y envió un cuervo, el cual salió, y estuvo yendo y volviendo hasta que las aguas se secaron sobre la tierra».* (Génesis 8:7). Pero éste regresaba sin traer nada que les diera tranquilidad que podía abandonar el arca. El segundo animal que salió fue una paloma, quien de igual manera regresó sin traer algo que le asegurara a Noé que también podían abandonarla.

Como seres humanos con emociones, Noé y su familia pudieron haber experimentado la duda, la frustración y el desaliento al pensar que se quedarían viviendo en el arca con todos los animales, a lo mejor éstos ya estaban comportándose como lo que son.

Dios nunca llega tarde ni se adelanta. ÉL llega en el tiempo oportuno. Volvió Noé a enviar una paloma y ésta regresó trayendo alegría a la familia. *«Y la paloma volvió a él a la hora de la tarde; y he aquí que traía una hoja de olivo en el pico; y entendió Noé que las aguas se habían retirado de sobre la tierra».* (Génesis 8:11). Volvió a enviarla y está ya no volvió, Noé entendió que la faz de la tierra estaba seca.

Hay bendición cuando abrimos nuestras ventanas, no hablo solo del cálido frío que podemos sentir o del calor desesperante. Sino en que Dios obra a nuestro favor trayéndonos bendición cuando ponemos toda nuestra confianza en ÉL y descansar en sus promesas.

El profeta Daniel tenía la convicción en la relación que tenía con Dios mediante la oración. Hay una ventana en los cielos que solo Dios puede abrirla para traernos bendición si somos honestos, sinceros y obedientes cuando hablamos con ÉL. *«Traed todos los diezmos al alfolí y haya alimento en mi casa; y probadme ahora en esto, dice Jehová de los ejércitos, si no os abriré las ventanas de los cielos, (énfasis nuestro) y derramaré sobre vosotros bendición hasta que sobreabunde».* (Malaquías 3:10). ¡Qué maravilloso será cuando el Señor nos abra Su ventana eterna el día del juicio final si le hemos sido fieles!

Existe una pendiente en Long Beach, California, llamada «Signal Hill», en la cual mucha gente hace ejercicios en ese lugar, y la subida de tal pendiente es clara que la adrenalina se sube, y es algo muy duro pero gratificante para muchos, hay entrenadores que llevan a esa parte a sus pacientes para perder peso, y desarrollar músculo.

Este tema me lleva a pensar en que un día no estaremos en esta tierra. En la visión que el profeta Amós tubo sobre el Juicio de Dios acerca de Israel, nos deja ver la decisión de Dios por el pecado de no retroceder, es decir nos deja ver Su castigo. Donde quiera que esté, Dios lo encontrará. *«Aunque cavasen hasta el Seol, de allá los tomará mi mano; y aunque subieren hasta el cielo, de allá los haré descender».* (Amós 9:2).

El apóstol Juan nos destaca una verdad que sucedió cuando nuestro Salvador resucitó. María nomas se da cuenta que es el amor de su corazón, quiere tomarle los pies, pero tenía que esperar un poco para poder hacerlo. Dulcemente Jesús le dice. *«No me toques...»* (Juan 20:17). Podría ella haberse extrañado y decir: por qué no quieres que te toque si estoy rebosando de felicidad al verte.

Una verdad que debemos de entender es que Jesús vino del cielo, aunque había muchos que les costó entenderlo. *«Si os he dicho cosas terrenales, y no creéis, ¿cómo creeréis si os dijere las celestiales? Nadie subió al cielo, sino el que descendió del cielo; el Hijo del Hombre, que está en el cielo».* (Juan 3:12,13).

Ahora todos los que leemos cuidadosamente el escrito está plasmado en las Sagradas Escrituras, nos queda claro Que Jesús está a la diestra del Padre. Esto lo vio el primer mártir de la iglesia naciente: Esteban, mientras era apedreado. *«...y dijo: He aquí, veo los cielos abiertos, y al Hijo del Hombre que está a la diestra de Dios».* (Hechos 7:56).

LA POESÍA

Dicen que, de músico, poeta y loco, todos tenemos un poco. Y es que hablar de la poesía es todo un conjunto de palabras que cuando van brotando una por una, resulta ser toda una magia que nos eleva el pensamiento, y se convierte en hermosas frases que nos llenan el corazón, y darle más sentido al amor, a la vida, a la naturaleza, a la muerte, al valor, etc.

Paren septiembre, no quiero proseguir
En este mes. Yo quiero sucumbir,
Porque es el mes de la libertad
Y en él me quiero quedar.

Octubre no quiero ver llegar
Porque sé que me espera llorar.
Es el mes que la raza vino a descubrir
Pero a mí me vino a ser sufrir.

Si yo fuera Dios ese trago no lo iba a beber
Pero siendo una mortal,

A él me tengo que enfrentar.

Estos versos proceden de una hermana que la guerra le obligó a emigrar a los EE UU. Y luego se enamoró de la poesía.
A tal grado que en el 2014 fue reconocida como MUJER DEL AÑO en Houston, Texas, por ayudar a la comunidad. Para los latinos ALBA HERRERA, se convirtió en un orgullo por su excelente aporte.

La divina Palabra de Dios nos habla también de la poesía. Comenzando desde el amor de una familia, el sufrimiento de un hombre honesto, el consuelo de sus amigos. Como verán, hablar de la poesía no es todo romanticismo. El libro de Job se dice que los dos primeros capítulos están escritos en prosa.
El Salmo 1.1,2 Es otra poesía donde podemos analizar el vocabulario de felicidad, que nos insta a seguir por un buen camino.

«Bienaventurado el varón que no anduvo en consejo de malos,
Ni estuvo en camino de pecadores,
Ni en silla de escarnecedores se ha sentado;
Sino que en la ley de Jehová está su delicia,
Y en su ley medita de día y de noche».

Qué poesía más elegante con la que pone un punto final el salmista Salmos 150.3-6.

«Alabad a Dios en su santuario;
Alabadle en la magnificencia de su firmamento.
"Alabadle por sus proezas;
Alabadle conforme a la muchedumbre de su grandeza.
Alabadle a son de bocina;
Alabadle con salterio y arpa.
Alabadle con pandero y danza;
Alabadle con cuerdas y flautas.
Alabadle con címbalos resonantes;
Alabadle con címbalos de júbilo.
Todo lo que respira alabe a JAH.

Aleluya».

Y los proverbios nos narran una serie de paralelismos en los cuales armonizan con la sabiduría y la razón. Proverbios 3:5-8.

«Fíate de Jehová de todo tu corazón,
Y no te apoyes en tu propia prudencia.
Reconócelo en todos tus caminos,
Y él enderezará tus veredas.
No seas sabio en tu propia opinión;
Teme a Jehová, y apártate del mal;
Porque será medicina a tu cuerpo,
Y refrigerio para tus huesos».

Dios no nos olvidó cómo es que en el matrimonio es necesario sacar un poco de locura y hacerle un poema a su amada de la juventud con la que han bregado una vida larga o corta juntos, en los cuales ambos necesitamos hablarnos con las únicas palabras LAS DEL AMOR. Cantares 2:1-3.

«Yo soy la rosa de Sarón,
Y el lirio de los valles.
Como el lirio entre los espinos,
Así es mi amiga entre las doncellas.
Como el manzano entre los árboles silvestres,
Así es mi amado entre los jóvenes;
Bajo la sombra del deseado me senté,
Y su fruto fue dulce a mi paladar».

¡QUE LA POESÍA NO TERMINE Y QUE SE HABLE MÁS DEL AMOR QUE DE LA GUERRA PORQUE SOMOS PRODUCTO DEL AMOR!

A IMAGEN DE DIOS

Algunas veces nos dicen eres la viva imagen de tu madre o de tu padre, y por supuesto que nos gusta, pues parecerme a mi amada madre es un cumplido.

Definamos que es una imagen, me parece acertado lo que el diccionario define: «Imagen es figura de una persona o cosa captada por el ojo, por un espejo, un aparato óptico, una placa fotográfica, gracias a los rayos de luz que recibe y proyecta». (Diccionario Grijalbo).

Pero cuando nos referimos a un estado divino, fuimos hechos a la imagen de Dios, los escépticos, dudan de esta verdad inmutable. Dios no va a cambiar porque ellos no estén de acuerdo. *«Entonces dijo Dios: Hagamos al hombre a nuestra imagen, conforme a nuestra semejanza; y señoree en los peces del mar, en las aves de los cielos, en las bestias, en toda la tierra, y en todo animal que se arrastra sobre la tierra».* (Génesis 1:26).

Es una verdad que Dios nos hizo a su imagen. Como sus hijos y como creación especial, debemos tomar seriedad en esta declaración propia del Creador.

Dios define que somos una imagen de Él, nunca igual a Él, Solamente Jesucristo por ser parte de la Deidad tiene ese privilegio de ser igual a su Padre, porque es divino, se los corroboró a los judíos. *«Y les dijo: Vosotros sois de abajo, yo soy de arriba; vosotros sois de este mundo, yo no soy de este mundo».* (Juan 8:23).

No encuentro palabras para demostrar mi gran gratitud por ese pensamiento único de Dios de habernos hecho a Su imagen. A pesar de que por ser engendrados por padres terrenales, llevamos en nuestras venas la parte divina cuando vivimos bajo Su dirección y obediencia. *«Y así como hemos traído la imagen del terrenal, traeremos también la imagen del celestial».* (1ª Corintios 15:49).

Qué misericordia sin límites de nuestro Buen Dios, que nos permite buscarle para cada día parecernos más a ÉL y poder un día gozarnos con ÉL y en ÉL, desarrollando en nosotros una metamorfosis netamente espiritual. «Por tanto, nosotros todos, mirando a cara descubierta como en un espejo la gloria del Señor, somos transformados de gloria en gloria en la misma imagen, como por el Espíritu del Señor». (2ª Corintios 3:18).

CÁNTICO DE ALABANZA

Cuando cantamos en las reuniones de la Iglesia es una exquisitez para mí. Me deleito y me gusta hacerlo a todo pulmón, pues estoy alabando a la majestad de los cielos. Lo espectacular es que no tengo restricciones, puedo hacerlo cuando quiera: en mi casa, en el baño, de paseo, etc.

El Diccionario define el cántico como: «Cada una de las composiciones poéticas de los libros sagrados y los litúrgicos en que sublime o arrebatadamente se dan gracias o tributan alabanzas a Dios; por ejemplo: los Cánticos de Moisés». (Diccionario Grijalbo).

Qué hermoso cantico de victoria y de alabanza el que nos expresa Éxodo en gratitud de la gran protección de Dios por su pueblo cuando fue sacado de Egipto.

Era un gozo desbordante de aquella multitud, el verse librados de las garras de la esclavitud egipcia, era motivo sin precedente para decirle a Dios lo agradecidos que estaban por haber experimentado la libertad de una manera única, proveniente solamente de un Dios Todopoderoso sin límites. «*Entonces cantó Moisés y los hijos de Israel a Jehová, y dijeron: Cantaré yo a Jehová, porque se ha magnificado grandemente; Ha echado en el mar al caballo y al jinete. Jehová es mi fortaleza y mi cántico, Y ha sido mi salvación. Este es mi Dios, y lo alabaré; Dios de mi padre, y lo enalteceré».* (Éxodo 15:1,2).

Cuando Moisés iba a morir, y dio instrucciones a Josué, sabía Dios en su Omnisciencia cómo se descarriaría el pueblo pues lo conocía muy bien. Y uno de los recordatorios para que guardarán siempre sus estatutos era a través de un cántico. *«Ahora pues, escribíos este cántico, y enséñalo a los hijos de Israel; ponlo en boca de ellos, para que este cántico me sea por testigo contra los hijos de Israel».* (Deuteronomio 31:19).

Qué armonía y beneficios nos trae el cántico cuando realmente lo sabemos discernir. En el Nuevo Testamento Dios NO autoriza el uso de instrumentos musicales, sino solamente nuestra voz, de manera que podemos manifestarle cuánto le amamos y respetamos, como también cuánto nos gusta servirle.

Es demandante que cuando cantemos no solo hagamos ruido, sino que las palabras armonicen con nuestra vida y con nuestros hechos. *«La palabra de Cristo more en abundancia en vosotros, enseñándoos y exhortándoos unos a otros en toda sabiduría, cantando con gracia en vuestros corazones al Señor con salmos e himnos y cánticos espirituales».* (Colosenses 3:16).

UNA INVITACIÓN DESPRECIADA

En cierta ocasión, para la época de fin de año, una hermana junto con su esposo y demás familia invitó a la iglesia a una cena, y por supuesto a tener convivencia espiritual como un agradecimiento a Dios por todas las bendiciones que habían recibido, yo estaba invitada pues andaba de visita.

El predicador y toda su bella familia pasaron recogiéndome y salimos para donde nuestra hermana. Ella se lució con la comida pues había hecho comida del país de su esposo, y también hizo del país de procedencia de ella.

Y como dice una canción y se dieron las 9 de la noche, las 10, y las 11, y fue triste que la iglesia no asistió. Empezamos la meditación que fue muy hermosa, pero solo estuvimos nosotros y dos hermanos más.

A lo mejor la hermana no se sintió tan triste, como le sucedió a un niño que le prepararon su fiesta de cumpleaños y no asistió ni uno de sus amiguitos, el niño no comprendía por qué no habían asistido a su cumpleaños.

El ser humano con sus facultades normales y sobre todo con la elección a escoger, pudieron haber pensado, pues a la hermana la vemos cada reunión, y hoy es tiempo de estar con la familia, o bueno ya tenía otra invitación u otros planes. Pero hay que tener cortesía para hablar diciendo yo no podré llegar, aunque podrían también haberse repartido el tiempo.

Esto no es nada nuevo, pasó hace muchos años cuando un rey que hizo fiesta de bodas a su hijo. *«El reino de los cielos es semejante a un rey que hizo fiesta de bodas a su hijo; y envió a sus siervos a llamar a los convidados a las bodas; mas éstos no quisieron venir».* (Mateo 22:2,3).

Cada uno de los invitados presentó su excusa para no acudir, ignoro por qué despreciaron esta fiesta, podría especular, ¿le tenían envidia al hijo del rey? El rey no lo entendía, porque vuelve a invitarlos, talves cambiarían de opinión, pero resultó peor la segunda invitación, pues su reacción fue ésta: *«Mas ellos, sin hacer caso, se fueron, uno a su labranza, y otro a sus negocios; y otros, tomando a los siervos, los afrentaron y los mataron».* (Mateo 22:5,6). También el rey tuvo su reacción ante tan atroz proceder. *«Al oírlo el rey, se enojó; y enviando sus ejércitos, destruyó a aquellos homicidas, y quemó su ciudad».* (Mateo 22:7).

La comida estaba preparada, lucía apetitosa, qué haría el rey pues no podía desperdiciarla. Pensó que la gente que había invitado era desagradecida, decidió invitar a otra clase de personas sin hacer distinciones. *«Id, pues, a las salidas de los caminos, y llamad a las bodas a cuantos halléis».* (Mateo 22:9).

Por supuesto que todas estas personas tuvieron tiempo para ponerse el mejor vestido, pero estaba uno que no le importó su vestimenta y se coló en la boda. El rey fijando los ojos en él se enojó mucho. *«Entonces el rey dijo a los que servían: Atadle de pies y manos, y echadle en las tinieblas de afuera; allí será el lloro y el crujir de dientes».* (Mateo 22:13).

Todos hemos recibido una invitación del Rey, para cenar con ÉL, tenemos que ser muy cuidadosos en pensar la clase de vestido que llevaremos ese día y sobre todo tengamos cuidado en no despreciar la invitación del Rey de Reyes y Señor de Señores. *«Gocémonos y alegrémonos y démosle gloria; porque han llegado las bodas del Cordero, y su esposa se ha preparado. Y a ella se le ha concedido que se vista de lino fino, limpio y resplandeciente; porque el lino fino es las acciones justas de los santos».* (Apocalipsis 19:7-8).

EL PERFIL DE LA MUJER CRISTIANA

Hoy en día nuestro perfil en redes sociales puede estar representado por una fotografía. En nuestros teléfonos al recibir una llamada casi siempre identificamos a la persona que nos llama viendo su nombre y fotografía. Esto nos ayuda a no aceptar llamadas de desconocidos. Lo cual es opcional en cada poseedor de su teléfono celular.

En esta oportunidad, deseo enfocarme a otra clase de perfil el cual es primordial para que las personas que no conocen a Dios, me refiero al perfil cristiano. Pienso que lo más saludable espiritualmente, es mostrar una imagen que no distorsione mi identidad como hija de Dios.

Hay una diferencia entre el perfil cristiano y el de las redes sociales. El perfil de las redes sociales lo cambiamos continuamente, sucede con algunas personas. El perfil cristiano no se presta a este juego de imágenes.

El perfil cristiano puede cambiar, pero con el propósito de reflejar siempre a Cristo Jesús, o sea, ser cada día más a la semenjanza de Cristo. Nos resulta fácil decir soy cristiana, pero mi vestuario dice lo contrario, nos encanta enseñarle al mundo los atributos hermosos que Dios nos ha dado, y nos escudamos en la juventud o en la moda.

Dichosamente, Dios no nos trata con la misma drasticidad antiguo testamentaria. La desobediencia de Nadab y Abiú les costó muy caro. *«Nadab y Abiú, hijos de Aarón, tomaron cada uno su incensario, y pusieron en ellos fuego, sobre el cual pusieron incienso, y ofrecieron delante de Jehová fuego extraño, que él nunca les mandó. Y salió fuego de delante de Jehová y los quemó, y murieron delante de Jehová».* (Levítico 10:1,2) No podemos jugar a un cristianismo a la moda, eso es ofrecer a Dios un fuego extraño. Dios nos rechaza tal conducta como sus hijas que somos.

Dios nos muestra a personas que tenían un perfil con el cual eran conocidos. Abraham era conocido por Dios como un hombre de fe, esto le acreditó estar entre los que se aferraron viendo al invisible. Moisés como hombre recto y humilde, amigo de Dios. David era conocido, porque tenía un corazón conforme al corazón de Dios.

Dorcas era toda una bella mujer conocida por sus buenas obras con las viudas y los necesitados. Débora por aconsejar con ecuanimidad a todos los que venían a ella a pedir consejo, juicio y equidad. María, la madre de Jesús, por haber sido el recipiente de donde saldría el Salvador del mundo, evidentemente que el Padre Celestial la escogió por ser una mujer pulcra.

¿Y su perfil hermana cuál es? Es mi deseo y oración, que sea el que glorifique a Dios siempre, y el que las personas que nos conocen nunca lo olviden. *«Muchas mujeres hicieron el bien; Mas tú sobrepasas a todas. Engañosa es la gracia, y vana la hermosura; La mujer que teme a Jehová, ésa será alabada. Dadle del fruto de sus manos, Y alábenla en las puertas sus hechos».* (Proverbios 31:29-31). Evidentemente, he dirigido estas líneas a mujeres de Dios. Pero, usted hombre de Dios, ¿cuál es su perfil?

TODO NUEVO

Les confieso que en lo personal, cuando preparo los alimentos para mi familia me gusta hacer lo que vamos a consumir, pues no me gusta comer nada que sea recalentado, siempre me gusta comida fresca, hecha en el momento de cada tiempo.

Cuando hospedamos a alguien, también me gusta que saboreen alimentos recién cocinados, me imagino que muchos comparten conmigo este sentir, pues a nadie le gusta que le den pan viejo, es decir, comida vieja. A menos que no haya nada más que comer.

Tres hombres fueron bien recibidos por Abraham cuando estos fueron enviados por Dios, llevaban una excelente noticia a un matrimonio viejo al cual Dios había fijado su ojos para bendecirlos. Y qué mejor que invitarlos a comer. Dicen que la comida une, y es cierto, pues lo he experimentado muchas veces con mis amadas hermanas en la iglesia en la cual hago la Obra con mi esposo.

«Entonces Abraham fue de prisa a la tienda a Sara, y le dijo: Toma pronto tres medidas de flor de harina, y amasa y haz panes cocidos debajo del rescoldo». (Génesis 18:6). Fue una atención de

primera: lavar los pies, una sombra de un árbol, pan, carne fresca, mantequilla, leche recién ordeñada. Y sin saber quiénes eran aquellos hombres, y el enorme regalo que les llevaban de parte de Dios. Un regalo único fuera de los planes humanos. *«Entonces dijo: De cierto volveré a ti; y según el tiempo de la vida, he aquí que Sara tu mujer tendrá un hijo. Y Sara escuchaba a la puerta de la tienda, que estaba detrás de él»*. (Génesis 18:10).

Cuando el el Señor Jesús mandó a recostar a la multitud les dio pan recién salido del cielo, y se saciaron. *«Hacedlos sentar en grupos, de cincuenta en cincuenta. Así lo hicieron, haciéndolos sentar a todos. Y tomando los cinco panes y los dos pescados, levantando los ojos al cielo, los bendijo, y los partió, y dio a sus discípulos para que los pusiesen delante de la gente. Y comieron todos, y se saciaron; y recogieron lo que les sobró, doce cestas de pedazos»*. (Lucas 9:16,17). También tengamos en cuenta no olvidar el majestuoso acto de alimentación en el desierto, cada día era maná nuevo.

Así es Dios, nos da lo mejor, nunca lo peor, nos ha dado un Nuevo Pacto, profetizado por Jeremías y consumado con la muerte y resurrección del Señor Jesucristo. *«He aquí que vienen días, dice Jehová, en los cuales haré nuevo con la casa de Israel y con la casa de Judá»*. (Jeremías 31:31).

Nos ha dado un Nuevo Nacimiento, este viene a ser totalmente un cambio en nuestras mentes renovadas para ser como Cristo. *«Respondió Jesús y le dijo: De cierto, de cierto te digo, que el que no naciere de nuevo, no puede ver el reino de Dios»*. (Juan 3:3).

Nos ha dado un Nuevo Mandamiento, que si no lo practicamos estamos más que muertos en vida. *«Un mandamiento nuevo os doy: Que os améis unos a otros; como yo os he amado, que también os améis unos a otros»*. (Juan 13:34).

Definitivamente, nos ha dado un estilo de vida nuevo que en lo personal no cambiaría por nada en el mundo. *«Porque somos sepultados juntamente con él para muerte por el bautismo, a fin de que como Cristo resucitó de los muertos por la gloria del Padre, así también nosotros andemos en vida nueva».* (Romanos 6:4). En ÉL esperamos según sus promesas y Juan lo confirma porque él la vio en visión. *«Vi un cielo nuevo y una tierra nueva; porque el primer cielo y la primera tierra pasaron, y el mar ya no existía más».* (Apocalipsis 21:1). Si Dios nos da todo nuevo, NO hay nada atractivo detrás de nosotros. Que nuestra mirada siempre esté anhelando todo lo nuevo que Dios nos ofrece en cada despertar. *«Y el que estaba sentado en el trono dijo: He aquí, yo hago nuevas todas las cosas. Y me dijo: Escribe; porque estas palabras son fieles y verdaderas».* (Apocalipsis 21:5).

BIENVENIDO AÑO NUEVO

El pueblo de Dios ha dado la bienvenida a otro año, que humanamente y cronológicamente, comenzamos. Unos arrodillados, a lo mejor llorando porque anhelamos ser mejores, porque queremos servir mejor, o porque simplemente mostramos nuestro agradecimiento a Dios porque siempre nos sostiene. Agradecemos a Dios ya que para ÉL no existe el tiempo. *«Porque mil años delante de tus ojos Son como el día de ayer, que pasó, Y como una de las vigilias de la noche».* (Salmos 90:4). *«Mas, oh amados, no ignoréis esto: que para con el Señor un día es como mil años, y mil años como un día».* (2ª.Pedro 3:8). Definitivamente ya que vivimos en este planeta tierra donde nos regimos por el tiempo, tenemos que aprender a usar las 24 horas del día, entendiendo que la noche la hizo Dios para descansar. Dios nos insta a que usemos la sabiduría que ÉL nos da para poder organizarnos de una manera productiva y eficiente. *«Todo tiene su tiempo, y todo lo que se quiere debajo del cielo tiene su hora».* (Eclesiastés 3:1).

Razones para perder el tiempo existen, pero eso es necedad, porque Dios nos dice, usando siempre a hombres inspirados por el Espíritu Santo que usemos bien el tiempo. «*Mirad, pues, con diligencia cómo andéis, no como necios sino como sabios, aprovechando bien el tiempo, porque los días son malos*». (Efesios 5:15,16). Necesitamos ser diligentes en lo que hacemos especialmente los que estamos al servicio en nuestras congregaciones, ser diligentes es poner todo empeño y amor a lo que hacemos para nuestros hermanos por amor a Dios. Aprovechar el tiempo con sabiduría es saber emplearlo, y no estoy expresándome en una forma fanática, pero hasta para darnos el placer de descansar debemos de actuar con mesura, ignoro cómo una persona puede estar durmiendo tanto cuando ya ha dormido lo suficiente, estas personas aun así se muestran todo el tiempo cansadas, porque su metabolismo lo extralimitan. Y qué descaro después se quejan que ignoran como no les alcanzó el tiempo.

Es admirable cuántas cosas realizaba nuestro Señor Jesucristo, sanando, resucitando, sacando demonios, predicando, y aun tenía tiempo para visitar a sus amigos Marta, María y Lázaro. Y sus discípulos con tanto tiempo con ÉL y no le conocían. «*Jesús le dijo: ¿Tanto tiempo hace que estoy con vosotros, y no me has conocido, Felipe? El que me ha visto a mí, ha visto al Padre; ¿cómo, pues, dices tú: Muéstranos el Padre?*». (Juan 14:9). A veces nos comportamos como Felipe, por no aprovechar bien el tiempo, andamos creyendo las fábulas por no conocer al Verdadero y Único Maestro dueño del tiempo. El regreso del que amamos está cerca, porque nuestro tiempo aquí en la tierra, comparado con el tiempo de Dios, no es largo. Lo eterno de Dios no tiene comparación con la cronología terrenal. Seamos diligentes en esperarle prudentemente, preparados para poder gozarnos. En su tiempo cosas bellas hizo Dios, cada día enséñanos tus caminos a seguir en tu tiempo. «*Bienaventurado el que lee, y los que oyen las palabras de esta profecía, y guardan las cosas en ella escritas; porque el tiempo está cerca*». (Apocalipsis 1:3).

Capítulo 7
«Bendecid a Jehová todos»

NOMBRE

Que bello que todos tenemos un nombre con el cual entendemos cuando se nos llama. La elección del nombre es un tema en que los padres se esmeran especialmente en designar a cada hijo. Comparto mi felicidad de que voy a ser abuela, y mi nieta aunque no ha nacido, ya oramos por ella por su nombre, pues sus padres ya decidieron llamarle **Sara Alejandra**.

Adán, nombre masculino de origen hebreo, el significado de Adán es que «*está hecho de la tierra"*. Qué paradoja que al morir iremos a la misma tierra.

Me encanta llamar a las personas por su nombre, tengo la curiosidad que cuando alguien me atiende en algún establecimiento, siempre le veo que tiene su nombre estampado en su vestimenta. Haciendo esto le hacemos sentir confianza, y por supuesto que la atención es mucho mejor al tratarle con su nombre.

Un nombre que es sobre todo nombre es el de nuestro soberano Dios, es el que con solamente pronunciarlo se nos llena el alma de puro amor. «*Cantad a Jehová, bendecid su nombre; Anunciad de día en día su salvación... Adorad a Jehová en la hermosura de la santidad; Temed delante de él, toda la tierra*». (Salmos 96:2,9).

El Mesías que estaba siendo anunciado, tenía su nombre desde los grandes profetas que obedientes y entregados cumplieron cómo sería llamado. «*Porque un niño nos es nacido, hijo nos es dado, y el principado sobre su hombro; y se llamará su nombre Admirable, consejero, Dios Fuerte, Padre Eterno, Príncipe de Paz*». (Isaías 9:6). Y cómo por nuestra entrega genuina estaría en nosotros. «*He aquí, una virgen concebirá y dará a luz un hijo, Y llamarás su nombre Emanuel, que traducido es: Dios con nosotros*». (Mateo 1:23).

Nombre tan pequeño pero con un significado que nos cambia la vida a la potencia más elevada.

Un día Dios me cambió mi nombre, cuando reconocí que debía nacer de nuevo. En las alcaldías o municipalidades de nuestros países se nos registró con nuestro nombre. Pero Dios nos tiene registrados en el libro de la vida: A Saulo le llamó Pablo, a Jacob Israel, a usted y a mí, aun no lo sabemos, sin embargo, tendremos un nombre nuevo que nadie más lo sabrá, solamente usted. *«El que tiene oído, oiga lo que el Espíritu dice a las iglesias. Al que venciere, daré a comer del maná escondido, y le daré una piedrecita blanca, y en la piedrecita escrito un nombre nuevo, el cual ninguno conoce sino aquel que lo recibe».* (Apocalipsis 2:17).

SARA ALEJANDRA, serás de mucha bendición cuando vengas a este mundo, pero un día Dios cambiara tú Nombre. *«El que venciere será vestido de vestiduras blancas; y no borraré su nombre del libro de la vida, y confesaré su nombre delante de mi Padre, y delante de sus ángeles».* (Apocalipsis 3:5).

LA ALTURA

A muchas personas les perjudican las alturas, a tal grado que no pueden disfrutar nada que se trate de elevarse un poco.Todo esto les priva de viajar a lugares donde el transporte es un aeroplano. En lo personal me encanta sentarme al lado de la ventana ya que me gusta saber lo que se disfruta en el primer cielo. No pienso en accidentes ya que estos los podemos tener tanto abajo como arriba. Conozco a un hermano que cuando ya está instalado en su asiento se toma una pastilla para dormir, despierta hasta llegar a su destino, no lo disfruta, sin embargo, es trotamundos, viaja por varios países. Hay empresarios que viven más en las alturas que abajo.

Quiero captar su atención a otra clase de altura de donde procede todo, y es la del cielo, la morada de Dios. Santiago nos dice algo muy hermoso que todos los hijos de Dios debemos anhelar, porque viene de lo alto así desciende en nosotros. «*Toda buena dádiva y todo don perfecto desciende de lo alto, del Padre de las luces, en el cual no hay mudanza, ni sombra de variación*». (Santiago 1:17). Estar en lo alto se cumple la ley de Morfe, todo lo que sube baja, sin embargo cuando Santiago nos comparte este pensamiento nos deja en nuestra mente que todo lo bueno procede de Dios , son los regalos que de su voluntad ÉL nos da.

Dios tiene mucho cuidado en que nosotros como mortales no confundamos lo que procede solamente de ÉL, ya que el ser humano se deja impresionar por lo que ve, es cuando Dios nos insta a bajarnos, ya que las grandes necedades están en las alturas. «*Y Jehová respondió a Samuel: No mires a su parecer, ni a lo grande de su estatura, porque yo lo desecho; porque Jehová no mira lo que mira el hombre; pues el hombre mira lo que está delante de sus ojos, pero Jehová mira el corazón*». (1º Samuel 16:7).

Cada vez que veamos los cielos recordemos que allí vive la Majestad, el Justo y Poderoso que con toda autoridad nos dice, cómo debe ser nuestra actitud ante tan poderoso e imponente acierto, es para caer de rodillas sin atrevernos a levantar nuestra mirada ante la santidad sempiterna. «*Porque así dijo el Alto y Sublime, el que habita la eternidad, y cuyo nombre es el Santo: Yo habito en la altura y la santidad, y con el quebrantado y humilde de espíritu, para hacer vivir el espíritu de los humildes, y para vivificar el corazón de los quebrantados*». (Isaías 57:15).

Fue de las Alturas que bajó el Salvador de nuestras almas, para remontarnos al cielo donde ansiamos cada día llegar. «*Y la gente que iba delante y la que iba detrás aclamaba, diciendo: ¡Hosanna al Hijo de David! ¡Bendito el que viene en el nombre del Señor! ¡Hosanna en las alturas!*». (Mateo 21:9). Que no se nos escape este pensamiento que el que vino del cielo anhela que vivamos con ÉL.

Nos alienta el pensamiento a todos los santos a que nuestro hombre interior lo anhele con vehemencia sincera. *«...seáis plenamente capaces de comprender con todos los santos cuál sea la anchura, la longitud, la profundidad y la altura...»* (Efesios 3:18). Que las Alturas solamente nos recuerden que el cielo es real para los hijos de Dios, y que nuestra fe descansa en las bellas promesas del que habita en ellas.

EL PLATO

Cuando era pequeña mi abuela en vista de que éramos varios nietos, a todos nos designó nuestro propio plato, ese tenía que quedar limpio; bueno, la verdad que sí que lo dejábamos limpio, pues éramos insaciables ya no nos llenábamos con lo que nos daban, así que con un pedazo de tortilla lo dejábamos muy limpio.

Una vez fuimos a un lugar que se había inundado, y los hermanos necesitaban alimentos, y otras cosas necesarias para estas situaciones de catástrofes. Cuando estábamos tomando los alimentos, mi mirada quedó congelada al ver a un hermano, por cierto era el predicador de ese lugar, pues ya pasó a mejor vida, la escena me dominó, al grado que suspendí mis alimentos por ver el hermoso cuadro que él y su esposa comían del mismo plato, cuando terminaron me acerqué, y les pregunté el por qué comían así, y los dos me dijeron que así era su costumbre. Según entendí, no lo querían hacer de otra forma. Me marcó ese detalle que ahora lo traigo para todos los que Cultivamos nuestra Alma día a día.

Hubo una mujer que salió embarazada, y la felicidad la arropó, que como toda mujer disfrutó aquellos nueve meses, al grado que no le importaban los desvelos que sufría en su día a día, para toda mujer los cambios son nuevos y únicos durante el embarazo. Este niño figuraba en el Antiguo Testamento como una profecía que se cumpliría. *«He aquí, yo envío mi mensajero, el cual preparará el* camino delante de mí; y vendrá súbitamente a su templo el Señor a quien vosotros buscáis, y el ángel del pacto, a quien deseáis vosotros. He aquí viene, ha dicho Jehová de los ejércitos». (Malaquías 3:1). Aparecería en el desierto de Judea predicando su mensaje, bautizando y anunciando la venida del Mesías. «Voz del que clama en el desierto: Preparad el camino del Señor; Enderezad sus sendas». (Marcos 1:3). Nunca cruzó por la mente de Elisabet que su hijo sería decapitado por la diabólica mente de una mujer sucumbida en la maldad, por vivir una vida que Juan le hizo ver que no le era lícito. Aprovechando la lujuria de Herodes que deseaba que la hija de Herodías bailara para él, tomando ventaja de la mente embotada, Herodes ofrece lo que sea, y la madre de Herodías le aconseja. «Saliendo ella, dijo a su madre: ¿Qué pediré? Y ella le dijo: La cabeza de Juan el Bautista. Entonces ella entró prontamente al rey, y pidió diciendo: Quiero que ahora mismo me des en un plato la cabeza de Juan el Bautista». (Marcos 6:24,25). ¡Qué dolor para Elisabet, qué venganza sin nombre! «El guarda fue, le decapitó en la cárcel, y trajo su cabeza en un plato y la dio a la muchacha, y la muchacha la dio a su madre». (Marcos 6:28).

Se recuerdan de la pareja que comían en el mismo plato. Les recuerdo un hecho histórico de nuestro Señor Jesucristo que es diferente, por cierto fue una última comida del Maestro con sus discípulos, celebrarían la última pascua, sin protocolos. «Y él dijo: Id a la ciudad a cierto hombre, y decidle: El Maestro dice: Mi tiempo está cerca; en tu casa celebraré la pascua con mis discípulos.... Y mientras comían, dijo: De cierto os digo, que uno de vosotros me va a entregar». (Mateo 26:18,21).

Pero qué dolor sintió nuestro Salvador Jesucristo que el que le iba a entregar también comía con ÉL de esta manera, no bastó solamente el beso, también compartieron el mismo plato. «Entonces él respondiendo, dijo: El que mete la mano conmigo en el plato, ése me va a entregar». (Mateo 26:23).

Qué insignificante es un plato, pero qué importante lo es para lo que se use. Para comer juntos, para poner la cabeza de alguien que no apreciamos porque nos sabe algo oscuro en nuestras vidas, o para simular una amistad que está lejos de nuestros corazones. *«¡Ay de vosotros, escribas y fariseos, hipócritas! porque limpiáis lo de fuera del vaso y del plato, pero por dentro estáis llenos de robo y de injusticia. ¡Fariseo ciego! Limpia primero lo de dentro del vaso y del plato, para que también lo de fuera sea limpio».* (Mateo 23:25,26).

DOCE PASOS

Casi todos en nuestras familias hemos tenido un pariente alcohólico, o algún amigo que se refugia en cualquier bebida o estupefaciente para lograr una felicidad fisticia. De esta manera paulatinamente van destruyendo su vida y sus valores, convirtiéndose en harapos de los vicios, destruyendo a sus propias familias, y peor, sus propias identidades, llegando un momento a desconocerse sin saber quiénes son, esto sucede cuando la vida ya no tiene sentido para ellos.

Aquí en este momento aparece un buen samaritano que ya vivió la amargura que deja el sabor de las orgías del licor o drogas, llevándolo a un centro a escuchar las diferentes calamidades de todos los que asisten y que los tienen presa de ese estado. Uno de los primeros pasos es admitirse impotentes ante el alcohol, y aceptar que ya no pueden manejar sus vidas. Por supuesto que así es cuando se adquiere un mal hábito, a medida que se va metiendo en nuestras vidas nos convertimos en esclavos. Entrar es fácil, salirse es lo difícil, pues su vida se convierte en un caer y recaer una y otra vez.

Otro de los pasos que es totalmente erróneo, es mencionar a Dios, porque aquí Dios no tiene parte, sin embargo, todo el mundo secular lo hace en sano juicio. Dicen estas personas que llegamos a creer en un poder superior a nosotros mismos que podría devolvernos nuestra buena calidad de vida. Por supuesto todo es producto de anhelar un cambio, netamente de lo físico y de lo moral. Y es que llegan a un estado en el cual no les importa absolutamente nada, ya que cuando tienen hambre se van a los depósitos de basura, también cuando caen presos en las cárceles, están tocando hasta los excrementos de todos los que están en el mismo lugar.

Esto éramos algunos de nosotros, pero nos refugiamos NO en 12 pasos elaborados por hombres con estos vicios. Un día reconocimos, que necesitábamos algo más que 12 pasos que reunirse en estos lugares. Ya que gran parte del tiempo es escuchar palabras soeces y estar absorbiendo el humo de los cigarrillos como chimeneas ardientes, pues por el licor que han ingerido toda su vida se refugian en el tabaco. ¡Qué espectáculo, salir de un hoyo para meterse en otro! Y más cuando sabemos perfectamente que el tabaco tiene más de 4000 partículas dañinas a la salud, y que día tras día muchos van a la tumba por sus nocivos efectos a nivel mundial.

Cristo nos ofrece 5 pasos para poder encontrarnos con Dios, y por medio de ese encuentro cambiar nuestras vidas de una manera integral, sana, beneficiosa, feliz, próspera, y sobre todo con la bella promesa del cielo.

Oír. Estos hombres fueron confrontados por la palabra que tiene poder, no tenían para donde hacerse, sino reconocer que habían dado muerte al Hijo de Dios. *«Al oír esto, se compungieron de corazón, y dijeron a Pedro y a los otros apóstoles: Varones hermanos, ¿qué haremos?»*. (Hechos 2:37).

Creer. Creer en el evangelio que tiene poder y esto es el sufrimiento, muerte, sepultura y resurrección de Jesucristo. *«Pero cuando creyeron a Felipe, que anunciaba el evangelio del reino de*

Dios y el nombre de Jesucristo, se bautizaban hombres y mujeres».
(Hechos 8:12).

Arrepentirse. Qué paz la que experimentarían estos hombres y mujeres, esa misma que usted y yo tuvimos el día que nos arrepentimos de todos nuestros pecados, y saber que Dios los enterró en el fondo del mar para nunca más acordarse de ellos. Qué feliz me siento, yo sé que usted también mí hermano y hermana que ha obedecido correctamente las buenas nuevas de salvación. *«Pedro les dijo: Arrepentíos, y bautícese cada uno de vosotros en el nombre de Jesucristo para perdón de los pecados; y recibiréis el don del Espíritu Santo».* (Hechos 2:38).

Confesar. Cuando era pequeña, apenas tenía 6 añitos, mi abuela, quien fue fiel católica, me mandaba a confesarme, recuerdo amargamente esos momentos pues el cura me ponía entre sus piernas y me apretaba, yo le contaba a mi abuela y para ella yo iba más bendecida. Lamentablemente, esto continúa pasando con esos hombres perversos que han confundido y extraviado su profesión de fe en el Señor. Gracias, y mil gracias porque ahora me confieso con mi Padre Celestial por mi obediencia correcta al Evangelio revelado por el Espíritu Santo en el Nuevo Testamento. *«Felipe dijo: Si crees de todo corazón, bien puedes. Y respondiendo, dijo: Creo que Jesucristo es el Hijo de Dios».* (Hechos 8:37).

Bautizarse. ¡Qué felicidad! Nada de ritos, culpables eran todos aquellos, y terminaron siendo realmente hijos de Dios. Obedeciendo estos 5 pasos seremos llamados hijos de Dios. *«Así que, los que recibieron su palabra fueron bautizados; y se añadieron aquel día como tres mil personas».* (Hechos 2:41). Por supuesto, este es el inicio de la real vida en el Señor, pues tenemos que perseverar siendo fieles y obedientes al Señor a través de todos los años de vida cristiana a fin de ser ganadores de la corona de la vida eterna. *«No temas en nada lo que vas a padecer. He aquí, el diablo echará a algunos de vosotros en la cárcel, para que seáis probados,* *y tendréis tribulación por diez días. Sé fiel hasta la muerte, y yo te daré la corona de la vida».* (Apocalipsis 2:10).

PROTAGONISMO

En el mundo en que vivimos sumergidos en ambientes diferentes, existen muchas personas que siempre desean sobresalir, algunos se empeñan por lograrlo, y otros simplemente esperan su turno. Esto lo podemos observar en el entorno donde nos movemos, siempre esta clase de personas dejan un mal sabor, porque al sobresalir, no les importa a quien se lleven de encuentro, o a quien dañar y hacerlo sentir mal.

Esta es una tendencia que tienen las personas al estar siempre en el primer plano de un asunto o mostrarse como la persona más cualificada. El diccionario define de esta manera: dice que «es una condición de protagonista o postura que adopta la persona que desea ocupar el primer plano de una actividad». (Diccionario Grijalbo).

Lastimosamente esta actitud hace su entrada triunfal en el seno de la iglesia del Señor. Muchas veces tenemos mucha influencia, puede ser monetaria, o que pretende ser espiritual, a pesar de pretender ser espiritual, no nos importa si dañamos a nuestros hermanos, pues el deseo ardiente es sobresalir. ¿Agrada a Dios esta actitud? *«Digo, pues, por la gracia que me es dada, a cada cual que está entre vosotros, que no tenga más alto concepto de sí que el que debe tener, sino que piense de sí con cordura, conforme a la medida de fe que Dios repartió a cada uno».* (Romanos 12:3).

Se requiere que tengamos la mesura qur tuvo Juan el Bautista, a pesar del mandato que Dios le había encomendado, él fue respetuoso y temeroso para no usurpar, ni aprovecharse de un lugar que no le pertenecía. *«Este vino por testimonio, para que diese testimonio de la luz, a fin de que todos creyesen por él. No era él la luz, sino para que diese testimonio de la luz»*. (Juan 1:7,8).

Claramente se nos da un ejemplo en la iglesia del primer siglo. Existía un hombre que le encantaba el protagonismo, pero fieles cristianos se encargaron de hacerlo saber a la iglesia, sin tener resultados favorables ya que este hombre había contaminado a la iglesia. *«Yo he escrito a la iglesia; pero Diótrefes, al cual le gusta tener el primer lugar entre ellos, no nos recibe. Por esta causa, si yo fuere, recordaré las obras que hace parloteando con palabras malignas contra nosotros; y no contento con estas cosas, no recibe a los hermanos, y a los que quieren recibirlos se lo prohíbe, y los expulsa de la iglesia».* (3ª Juan 9,10).

Tomemos en serio la sencillez de Cristo, quien tuvo grandes razones por presumir. Sin embargo, Su sencillez fue notoria en todo tiempo y circunstancia. Sus palabras siempre resuenan en aquellos que anhelamos cada día ser como ÉL, y gozar del lugar donde ÉL está. *«...y estando en la condición de hombre, se humilló a sí mismo, haciéndose obediente hasta la muerte, y muerte de cruz».* (Filipenses 2:8).

Gloria a Dios por siempre y para siempre porque sabemos que toda la Palabra está impregnada por el verdadero protagonismo de Nuestro Señor Jesucristo.

Capítulo 8
«Ministros que hacéis su voluntad»

EL PRESENTE

Hablar del presente es del hoy. En general se utiliza el presente para referirse al conjunto de sucesos que están teniendo lugar en el momento de hablarlo, o la acción presentada en el momento. Todas las cosas que tenemos en agenda para el día de hoy tendrán que llevarse a cabo al finalizar el día. El presente como dice una canción es lo único que tenemos, ¿qué vamos a hacer con él? es la gran pregunta.

Tenemos tantas cosas qué hacer hoy que no sabemos por donde comenzar, y si lo sabemos, lo ignoramos. Comenzar el hoy con una plegaria sí que es entender lo que nos dice el Salmista. *«Oh Jehová, de mañana oirás mi voz; De mañana me presentaré delante de ti, y esperaré».* (Salmos 5:3). Menciono algunas de las pocas y buenas cosas que podremos hacer hoy. Entregarle nuestros pensamientos hoy, disfrutar lo que haremos en el día con nuestros seres amados, lo que daremos de comer a nuestros hijos, las palabras que digamos cuando nos refrescamos el alma viviendo un día a la vez.

Conozco muy bien a un hermano que es tan organizado que manda a hacer a la imprenta libretas impresas en las cuales dice en su inicio: *«COSAS QUÉ HACER HOY...»* Cada cosa que va finalizando la va tachando en señal que ya la ejecutó. Nuestra vida no debemos vivirla como si fuésemos dueños del tiempo, sino con sabiduría, como buenos administradores. Si le decimos a un hermano que le visitaré hoy, cúmplale, no le deje esperando. Un hermano contó que había pedido a otro que le enseñara la ciudad donde se iba a trasladar a vivir, pues él allí vive desde un largo tiempo, con entusiasmo el hermano le dijo que con mucho gusto lo haría; quedaron en día, hora, y lugar donde encontrarse. Usted está pensando lo que yo voy a escribir: NUNCA llegó el hermano. El hermano que pidió el favor se disgustó muchísimo, dijo que NO le volvería a creer. *«Mejor es que no prometas, y no que prometas y no cumplas».* (Eclesiastés 5:5). Cuando el hermano agraviado le llamó para reclamarle, el irresponsable hermano simplemente le respondió: «Se me Olvidó...»

El presente es tan importante en nuestros compromisos que adquirimos al predicar el Evangelio. La voz del salmista nos lo recuerda. *«Porque él es nuestro Dios; Nosotros el pueblo de su prado, y ovejas de su mano. Si oyereis hoy su voz, No endurezcáis vuestro corazón, como en Meriba, Como en el día de Masah en el desierto...»* (Salmos 95:7-8). Para Cristo en sus últimos momentos en la tierra como hombre, tuvo ese cuidado con aquél hombre que ignoramos con qué angustia le habló. *«Y dijo a Jesús: Acuérdate de mí cuando vengas en tu reino. Entonces Jesús le dijo: De cierto te digo que hoy estarás conmigo en el paraíso».* (Lucas 23:42-43).

El presente debemos de vivirlo y administrarlo como si fuese nuestro último día en esta tierra, tomando en cuenta que ÉL es el único dueño del tiempo. Nuestro Gran Dios Sempiterno, nos invita cómo debemos compórtanos cada día que amanecemos. *«Mirad, hermanos, que no haya en ninguno de vosotros corazón malo de incredulidad para apartarse del Dios vivo; antes exhortaos los unos a los otros cada día, entre tanto que se dice: Hoy; para que ninguno de vosotros se endurezca por el engaño del pecado».* (Hebreos 3:12,13).

Con quién compartimos el presente, a quién invitamos a que nos guíe, nos acompañe en el presente, en el hoy del tiempo. Confío en Dios que seamos prudentes en escoger la mejor parte. Decía Alguien. Los planes del mañana pueden carecer de sentido a menos que estemos plenamente conectados al presente. Dado que vivimos en el presente, y solo en el presente, y no hay más realidad que la realidad del presente. El Maestro de maestros nos dice: *«Así que, no os afanéis por el día de mañana, porque el día de mañana traerá su afán. Basta a cada día su propio mal».* (Mateo 6:34).

MICROBIOS

Qué terribles son estos seres, porque lo que los hace espantosos es que no se pueden ver con facilidad. El científico Luis Pasteur se dedicó por completo al estudio de los microbios, especialmente las bacterias en el ser humano y a cómo combatirlos. Un aplauso a este hombre, aunque no está entre los vivos dejó un valioso descubrimiento que actualmente continúa siendo de mucho valor.Antiguamente moría mucha gente por causa de adquirir bacterias de las cuales no había cura, pues no existían vacunas, no quedaban excluidos la monarquía, tanto ellos como sus hijos morían jóvenes.

En los tiempos bíblicos hubo hombres y mujeres y niños que morían por situaciones de contagios. El tiempo ha evolucionado lo mismo la ciencia, ya que existen medicamentos fuertes para destruir casi todos los microbios, siempre y cuando éstos no hayan invadido otros órganos. Los medios de salud nos dan a cada instante normas de higiene para mantenernos saludables de estos dañinos gérmenes.

Me dio mucha tristeza un conferencista que fue abordado por un fiel hermano que por ser el invitado especial quiso saludarlo, el conferencista no le dio la mano, y le añadió, tan temprano vamos a compartir microbios. Pues íbamos a disfrutar el desayuno juntos. Qué dureza la que practicamos después de hablar Palabra de Dios.

Qué le costaba al hermano lavarse sus manos y dejar una buena impresión espiritual. Jesús anduvo con los leprosos, y no solamente eso, sino que tuvo el buen gesto para preguntarle a uno de ellos si quería ser sano. *«Cuando Jesús lo vio acostado, y supo que llevaba ya mucho tiempo así, le dijo: ¿Quieres ser sano?»*. (Juan 5:6). ¿Hasta cuándo practicaremos lo que predicamos? El hermano anhelaba desayunar con el conferencista, pero qué sabor amargo quedó en él.

En aquellos tiempos no había vacunas, pero la bondad de Dios nunca faltó al pueblo obediente. «He aquí que yo les traeré sanidad y medicina; y los curaré, y les revelaré abundancia de paz y de verdad». (Jeremías 33:6). No sea orgulloso, recuerde que ANTE DIOS SE DOBLARÁ TODA RODILLA. Tengamos cuidados higiénicos para no ser presa de ningún microbio o bacteria. Me encanta ser saludada con un buen abrazo, un beso santo, tanto de ancianos como de los niños. «No debemos permitir que alguien se aleje de nuestra presencia sin sentirse mejor y más feliz». (Madre Teresa de Calcuta).

VENENO

Mis tíos trabajaron en unas algodoneras, las cuales eran rociadas de veneno para matar los bichos que las dañaban. Pienso que dañaban más a los labradores, pues ellos presentaban algunas manifestaciones de malestar.

Adolfo Hitler usaba el cianuro y el arsénico, era una de las tantas maneras de matar y torturar a los judíos. Veneno, según el diccionario, dice que «es una sustancia química u orgánica que introducida en el organismo produce la muerte o graves trastornos». Paracelso fue un famoso médico y alquimista, aseguró que todo es veneno, dependiendo de la dosis.

Déjeme hablarle de un sentimiento que también es veneno también dependiendo con la dosis que se usa, éste es capaz de destruir a una persona y acabarla moral y espiritualmente.

Éstas no se elaboran en un laboratorio, sino en el cerebro y en el corazón, qué destino los de los fraguadores de maldades para con su prójimo. *«Antes en el corazón maquináis iniquidades; Hacéis pesar la violencia de vuestras manos en la tierra. Veneno tienen como veneno de serpiente; Son como el áspid sordo que cierra su oído...»* (Salmos 58:2,4).

Vivimos y somos parte del planeta tierra, por esa razón los sembradores de veneno están en todo sitio. Algunos están en el lugar donde nos reunimos a hablar del mismo Dios Supremo, qué triste que también hay personas llenas de mucho veneno con las cuales tenemos que convivir, pero si somos perseverantes en los mandamientos divinos, un día no estaremos con los tales. *«Aguzaron su lengua como la serpiente; Veneno de áspid hay debajo de sus labios. Guárdame, oh Jehová, de manos del impío; Líbrame de hombres injuriosos, Que han pensado trastornar mis pasos».* (Salmos 140.3, 4).

Tenemos que ser serios en nuestra decisión del cielo, y aprender a dominar como los encantadores dominan a las serpientes, nosotros dominaremos nuestros pensamientos, y sobre todo, nuestra lengua, con la gran ayuda del Espíritu Santo.

Santiago inspirado por el Espíritu Santo nos habla de lo venenosa que puede ser la lengua, pero hay que profundizar en el texto, ya que hace alusión a un miembro que es capaz de todo, pero todo es producto del corazón y del cerebro. *«Porque toda naturaleza de bestias, y de aves, y de serpientes, y de seres del mar, se doma y ha sido domada por la naturaleza humana; pero ningún hombre puede domar la lengua, que es un mal que no puede ser refrenado, llena de veneno mortal».* (Santiago 3:7,8). Gloria a Dios que en su inmensa misericordia nos dejó el antídoto único y eficiente. *«Hijitos míos, estas cosas os escribo para que no pequéis; y si alguno hubiere pecado, abogado tenemos para con el Padre, a Jesucristo el justo».* (1ª Juan 2:1).

LA LEALTAD

Es como buscar una aguja en un pajar, pero con sus defectos y virtudes las cuales todos tenemos, es posible encontrar lealtad en alguien. Cuántos consejos encontramos en el Libro por excelencia, en cuanto a ser leales con nosotros mismos y con nuestro prójimo.

El portarnos desleales además de que lastima, nos vuelve desconfiados, tampoco es aprobable esta actitud. No podemos cambiar a nadie, pues todos los seres humanos tenemos nuestras propias huellas digitales que nos identifican como únicos.

El diccionario define a la persona leal como fiel, sin falsedad, noble. Cuando hablamos de un perro, muchos afirman que es un animal fiel. Considero a una persona leal, confiable cuando le puedes abrir tu corazón sin tener la pesadilla que te fallará. Sin embargo, debemos estar preparados para tal golpe. Tenemos la advertencia divina para tal caso. Ser desleales es desaprobado por Dios. *«¿No tenemos todos un mismo padre? ¿No nos ha creado un mismo Dios? ¿Por qué, pues, nos portamos deslealmente el uno contra el otro, profanando el pacto de nuestros padres?»* (Malaquías 2:10).

Recuerdo a David cuando mostró lealtad para con el Rey Saúl, a pesar que Saúl lo buscaba día y noche para matarlo, David practicó la lealtad cuando tuvo la oportunidad de acabar con él. *«Y dijo a sus hombres: Jehová me guarde de hacer tal cosa contra mi señor, el ungido de Jehová, que yo extienda mi mano contra él; porque es el ungido de Jehová».* (1° Samuel 24:6).

En algún momento hemos confiado y abierto nuestro corazón a alguien, y qué dolor de alma nos da el saber que esa persona ha usado toda nuestra confianza para hacernos daño. Ya he sido confidente de hermanas que me han abierto su corazón, me han expresado que abrieron su corazón hacia su mejor amiga, o hermana en Cristo, más tal persona con saña ha usado lo confiado para dañar. Debemos de ser muy cuidadosas en pensar cuánto yo debo hablar con mi hermana o amiga, y saber tomar el trago amargo de deslealtad, si hemos confiado nuestras palabras más de lo debido.

Siempre que alguien comparte conmigo algo, y me dice que confía en mí, yo le digo que lo que me contó, lo olvidaré, y que solamente estaré orando por ella. He mantenido mi lealtad que ni a mí esposo he transmitido la angustia de las personas que me han usado como confidentes.

La lealtad que disfrutó David fue la que compartió con Jonatán, a tal grado que cuando se dio cuenta que Jonatán había muerto brotaron estas palabras del alma. *«Angustia tengo por ti, hermano mío Jonatán, Que me fuiste muy dulce. Más maravilloso me fue tu amor Que el amor de las mujeres».* (2° Samuel 1:26).

Mi corazón ha vivido deslealtades, pero mi firmeza en Jesucristo me ha levantado, ÉL, que siempre es leal desde el Alfa y la Omega. Jesús pasó por este camino de los desleales, Pedro estaba dispuesto a morir por ÉL, pero cuando enfrentó la realidad le negó, y no solo Pedro, todos sus discípulos hicieron lo mismo. *«Pedro le dijo: Aunque me sea necesario morir contigo, no te negaré. Y todos los discípulos dijeron lo mismo».* (Mateo 26:35).

Sin embargo, lo grandioso de Pedro es que él reconoció su pecado. El Señor le perdonó. Esplendorosamente, Pedro, y los demás apóstoles, una vez fueron bautizados con el Espíritu Santo el día de Pentecostés, hicieron una obra muy trascendental en la predicación del evangelio y en el fortalecimiento para la iglesia. Estos son los ejemplos que todos los cristianos estamos llamados a imitar. ¡Esto es lealtad!

LA CONSTITUCIÓN

Todos los países democráticamente establecidos en el mundo, tienen su propia CONSTITUCIÓN Política, ésta es una ley fundamental de cada país.

Reconoce y protege los derechos individuales, me gusta tener siempre un ejemplar de nuestra Constitución de La República de El Salvador, vigente desde 1983. Me satisface el artículo 25 en el cual se garantiza el libre ejercicio de todas las religiones, gozamos de esta libertad, ya que nuestros antepasados sufrieron por la causa de Cristo. Tal artículo se expresa de la siguiente manera: *«Se garantiza el libre ejercicio de todas las religiones, sin más límite que el trazado por la moral y el orden público. Ningún acto religioso servirá para establecer el estado civil de las personas».*

Este artículo me recuerda mis derechos y mis obligaciones como mis responsabilidades como ciudadana de mi país. Como cristianos tenemos nuestra constitución, nuestra Carta magna que nos da decretos y estatutos para que el que los obedezca, tenga derecho al gozo eterno del cielo.

Cualquier infracción a ella tiene consecuencias a ser corregido con toda la autoridad del cielo. *«...y dijo: Si oyeres atentamente la voz de Jehová tu Dios, e hicieres lo recto delante de sus ojos, y dieres oído a sus mandamientos, y guardares todos sus estatutos, ninguna enfermedad de las que envié a los egipcios te enviaré a ti; porque yo soy Jehová tu sanador».* (Éxodo 15:26).

En la salida de Egipto, salieron como caballos desbocados, no todos mostraron agradecimiento, no todos respetaron las palabras de Dios. Fallaron tantas veces como les fue posible, a tal grado que el caudillo Moisés experimenta todas las enfermedades propias de la desesperación, la angustia, la congoja, por no poder más con el pueblo. El stress que le ocasionaban al pedir lo que comían en Egipto, y el reproche por haberlos sacado. A lo mejor muchas veces gritó al verse atribulado. *«Entonces clamó Moisés a Jehová, diciendo: ¿Qué haré con este pueblo? De aquí a un poco me apedrearán».* (Éxodo 17:4).

Tanta necesidad tiene el ser humano del auxilio de una persona para que le dé un consejo donde él pueda descansar, sin violar los decretos de Dios. Jetro su suegro, tenía influencia sobre Moisés, a pesar de la gran sima que existía entre ellos en cuanto a adorar solamente a un Ser Supremo. Qué gratificante son las palabras dichas como conviene. *«Oye ahora mi voz; yo te aconsejaré, y Dios estará contigo. Está tú por el pueblo delante de Dios, y somete tú los asuntos a Dios. Y enseña a ellos las ordenanzas y las leyes, y muéstrales el camino por donde deben andar, y lo que han de hacer».* (Éxodo 18:19,20).

La constitución política es fundamental para una nación que hay que gobernar en la tierra. La Palabra de Dios es eficaz para gobernar nuestras vidas, para instruir al Reino de Dios en esta tierra, y para darnos cuenta que Dios no nos dejó sin un mapa, sin una brújula y sin ninguna guía que nos inste a someternos con humildad a sus estatutos divinos para purificarnos, a fin de que seamos perfectos en Cristo Jesús y caminemos hacia el cielo. *«Bienaventurados los perfectos de camino, Los que andan en la ley de Jehová. Me regocijaré en tus estatutos; No me olvidaré de tus palabras».* (Salmos 119:1,16).

EL VIAJE

En lo personal me encanta viajar, así como a muchas personas. Sin embargo, hay cosas que no me gustan, como por ejemplo hacer maletas. Aunque muy raras veces lo hago, trato de sacarle mucho provecho.

Existen hoy en día diversas clases de transportes, dependiendo adonde se conduzca. Viaje es la acción de viajar, trayecto de una parte a otra. Hay viajes que no se hacen por placer, sino por una emergencia que de improviso se suscita.

Nehemías se encontraba trabajando con el Rey Artajerjes, pero recibió una noticia que lo hizo salir de viaje en forma imprevista. Era un hombre de mucho valor para el rey, ya que le dice estas palabras. *«Entonces el rey me dijo (y la reina estaba sentada junto a él): ¿Cuánto durará tu viaje, y cuándo volverás? Y agradó al rey enviarme, después que yo le señalé tiempo».* (Nehemías 2:6).

Necesitaba llegar a Jerusalén donde habitaban sus padres y su pueblo. Los enemigos habían destruido e incendiado todo lo que estaba a su paso. Este viaje era de hacer mucho trabajo, no tenía ni un ápice de placer, al contrario, estaba cargado de mucho dolor que solamente él sentía, lo compartía nada más con Dios para no desanimar a los habitantes que habían quedado.

Jesús, cuando anduvo con sus discípulos les habló que ÉL tenía que separarse de ellos, a pesar de que en su estadía pasó un buen tiempo con ellos enseñándoles todo lo que tenían que hacer cuando partiera. Era evidente que muchas palabras no las entendían, esto mismo hubiera sentido yo, y podrían haberle dicho qué nos quieres decir, no entendemos. *«Hijitos, aún estaré con vosotros un poco. Me buscaréis; pero como dije a los judíos, así os digo ahora a vosotros: A donde yo voy, vosotros no podéis ir».* (Juan 13:33). Yo te seguiré le dice Pedro, sin saber lo que decía. Cuántas cosas se dicen sin tener la menor esencia del contenido.

Podrían haberse preguntado y si se va qué haremos. Qué grandioso que podía y puede saber los pensamientos de los seres humanos, por eso con ternura les daba la respuesta. *«En la casa de mi Padre muchas moradas hay; si así no fuera, yo os lo hubiera dicho; voy, pues, a preparar lugar para vosotros».* (Juan 14:2). El viaje durará poco, pues vendré por ustedes. *«Y si me fuere y os preparare lugar, vendré otra vez, y os tomaré a mí mismo, para que donde yo estoy, vosotros también estéis... No os dejaré huérfanos; vendré a vosotros».* (Juan 13:3,18).

Todos haremos un día un viaje especial, pues nos encontraremos con El Nazareno. *«...los cuales también les dijeron: Varones galileos, ¿por qué estáis mirando al cielo? Este mismo Jesús, que ha sido tomado de vosotros al cielo, así vendrá como le habéis visto ir al cielo».* (Hechos 1:11). Que cada día nos despertemos muy deseosos y animados a encontrarnos con el que nos prometió que regresaría por nosotros, mi alma estuviera desfallecida si solamente a los discípulos les hubiera dado esta esperanza. Preparémonos para ese hermoso viaje. *«El que da testimonio de estas cosas dice: Ciertamente vengo en breve. Amén; sí, ven, Señor Jesús».* (Apocalipsis 22:20).

EL FEMINICIDIO

En este artículo deseo enfocarme no a algo nuevo, sino por la relevancia que está ocupando en el entorno de muchos países, como ha sucedido en el transcurso de este año 2018 en mi nación, El Salvador.

A pesar que tecnológicamente existe mucha información sobre este flagelo, hay muchas personas que no se dan cuenta de este mal, hasta que a alguien de su familia le ha tocado, o lo está viviendo en carne propia con su pareja.

Me atrevo a hablar con lo que el pensamiento me hace reaccionar ante este mal que cada vez se da en todo el mundo. Pero me conmueve el pensar que, dentro de la iglesia, pueden estar sucediendo esta clase de situaciones tan verdaderamente espeluznantes. Por el contrario, es mi total interés que la iglesia no se oscurezca ante estos casos, ya que somos llamados a ser luz, de manera que se ponga en alto su identidad, no debajo de nuestros hogares.

Wikipedia lo define: Feminicidio o Femicidio como un crimen de odio. El asesinato de una mujer por el hecho de ser mujer. El concepto define un acto de máxima gravedad que suele ir acompañado por un conjunto de acciones de extrema violencia, y contenido deshumanizante como torturas, mutilaciones de miembros, y violencia sexual contra las mujeres y también niñas victimas de tan cruel acto.

El predominante machismo es un depredador en potencia, a pesar que Dios extrajo de lo profundo del hombre a la mujer, tomando una parte de él con el propósito que se respetara, lamentablemente, los oídos son atrofiados y no escuchan las palabras mismas del Creador.

Los rabinos que se creían moralmente tajantes en cumplir la ley, tradicionalmente en sus oraciones repetían a Dios: «Dios te doy gracias porque no me hiciste esclavo, ni gentil, ni mujer». Demostrando de esta manera el crudo rechazo a la mujer.

La Biblia nos narra de un ejemplo de feminicidio, no comento lo delicado que era el hospedar a alguien en ese tiempo, sino la saña que hicieron los perversos habitantes con la esposa del Levita. *«Mas aquellos hombres no le quisieron oír; por lo que, tomando aquel hombre a su concubina, la sacó; y entraron a ella, y abusaron de ella toda la noche hasta la mañana, y la dejaron cuando apuntaba el alba».* (Jueces 19:25).

Cuidemos que dentro del seno de la iglesia, ni de nuestas familias o parientes, no tengamos actos vergonzosos, maltratando y humillando a la que Dios creó con tanto amor. *«Vosotros, maridos, igualmente, vivid con ellas sabiamente, dando honor a la mujer como a vaso más frágil, y como a coherederas de la gracia de la vida, para que vuestras oraciones no tengan estorbo».* (1ª Pedro 3:7).

Animo a nuestras jóvenes a que hagan buenas decisiones cuando emprendan una relación formal, que se indaguen qué clase de hijo es, que venga de padres cristianos fieles y que realmente se han interesado en formar a su hijo tanto en lo moral como en lo espiritual. Que durante el noviazgo aprendan a conocerse, tanto en sus sentimientos como en su relación con Dios. Que NO solamente les impresione su físico, sino que verdaderamente aprendan a ver el corazón. Hay jóvenes varones que desde el noviazgo tienden a ser violentos con su pretendiente. En tales casos, es mejor cortar de raíz esa relación antes de un lamento trágico tardío. *«El hombre que lisonjea a su prójimo, Red tiende delante de sus pasos»*. (Proverbios 29:5).

¡QUÉ NOCHE!

Todos en algún instante de nuestra peregrinación en esta tierra hemos experimentado pasar una mala noche. Al amanecer, contamos lo duro que ha sido.

Algunos por algún dolor, otros por alguna tribulación, o por alguna catástrofe; en fin, sobran los motivos para pasar una noche dura. Esto es usual con las madres que tienen sus bebes, amanecemos sin pegar un ojo, y también amanecemos con tremendas ojeras que nos delatan.

Sin embargo, hay noches que adrede nos satisface desvelarnos, porque estamos en reunión con amistades que no nos veíamos desde hace mucho tiempo y que nos son muy agradables.

El salmista nos declara, en determinado momento, que la noche la hizo Dios, a la cual llamó tinieblas. Moisés lo escribe en Génesis, pero Dios lo manifiesta a través del salmista: *«Tuyo es el día, tuya también es la noche; Tú estableciste la luna y el sol»*. (Salmos 74:16).

Desde que la iglesia nació en el día de Pentecostés, los siervos de Dios han pasado duras noches, por no decir que desde Éxodo hasta Malaquías se nos manifiesta de muchas noches duras.

Cristo pasó unas noches duras, se enfrentaba al propósito de venir a la tierra. En su debilidad humana, experimentó el desafío de una dura noche. Habían pasado muchas, pero la última era decisiva, porque tenía un día de la semana que le sería muy duro, ese día fue el viernes. Esa noche sus discípulos tuvieron la última cena con él, y un hermoso cántico. *«Y cuando hubieron cantado el himno, salieron al monte de los Olivos».* (Mateo 26:30). Era una noche como para quedarse mudo, para Jesús era una noche fuera de serie, tan dura que el miedo se apodero de ÉL, por eso quería estar con sus amigos, sin embargo, el dolor de su corazón no lo entendían. *«Y tomando a Pedro, y a los dos hijos de Zebedeo, comenzó a entristecerse y a angustiarse en gran manera».* (Mateo 26:37).

No me dejen solo en este momento, en esta noche. Un día nos sucedió que estábamos almorzando, y mi esposo súbitamente se levantó de la mesa, apenas había dado un bocado, sorprendidas mi hija y yo, nos levantamos y preguntamos ¿qué te pasa?, él nos dijo NO ME DEJEN SÓLO. No entendíamos qué le sucedía hasta que le llevamos al médico, quien diagnosticó que había tenido un ataque de pánico. Cuenta mi esposo que eso es terrible y que no se lo desea a nadie. El médico cardiólogo le explicó que eso les sucede a jóvenes, adultos en edad fuerte, como a ancianos.

Qué sentía Jesús en esos momentos de esa noche, verdaderamente, ÉL no quería estar sólo, sentía angustia, sentía tristeza, impotencia. Los discípulos no entendiendo nada, no aguantaron acompañarle, ni en la primera oración, ni en la segunda, ni en la tercera. *«Y dejándolos, se fue de nuevo, y oró por tercera vez, diciendo las mismas palabras».* (Mateo 26:44).

Uno de los discípulos no había dormido porque sus planes estaban preparados para esa noche. *«Mientras todavía hablaba, vino Judas, uno de los doce, y con él mucha gente con espadas y palos, de parte de los principales sacerdotes y de los ancianos del pueblo».* (Mateo 26:47). Qué noche la de Judas, tramando el mal, así como muchos no duermen por estar tramando a quien van a dañar. *«Maquina el impío contra el justo, Y cruje contra él sus dientes; El Señor se reirá de él Porque ve que viene su día».* (Salmos 37:12,13). OREMOS PARA NO VIVIR LA SOLEDAD, NI MUCHO MENOS SER TENTADOS A MAQUINAR EL MAL.

EL BAMBÚ

Me llama la atención hablar del árbol de Bambú por su antigüedad que tiene de ser usado. Indagándome más acerca de las propiedades de él, podemos apreciar que es un árbol muy alto.

Se dice que es uno de los árboles que más vive. En Japón se le usa hoy en día como materia prima y se le da una importancia aún mayor que al cemento o el acero. Es además un árbol que soporta las temperaturas extremas ya sea frío o caliente.

Es un árbol que tarda los primeros siete años para su crecimiento, pues su prioridad es hacer expandir sus raíces hasta lo más profundo, es una forma de prepararse, en ello radica su fortaleza en soportar las adversidades del tiempo. Por todas estas propiedades. También es usado para evitar la erosión de los terrenos en laderas.

Tenemos un hermano en Cristo que vive en el volcán de San Salvador, él trabaja como colono en una finca donde se produce café en grandes cantidades, allí hay sembrados muchos árboles de Bambú; cuando sus raíces están tiernitas las corta, y luego las pone a coser en una olla de barro por varias horas con leña. Es una delicia saborearlos como guiso con tomate, chile verde dulce, cebolla, y ajo. Su esposa baja al mercado del pueblo y las vende ya cocidas, felizmente de esta pequeña ganancia ellos pueden comprar otros alimentos.

Bien le dijo Dios a Adán que de todos los árboles podía comer, y le aconsejó de cual no podía comer. Mi enfoque en el Bambú, especialmente en sus raíces, es porque usted y yo si alimentamos bien nuestras raíces de nuestra fe, difícilmente vamos a andar rebotando de pensamientos en definir si la iglesia de Cristo es la verdadera.

Ni mucho menos en cambiar su identidad, como por ejemplo añadiéndole instrumentos musicales a la adoración, u otras ideas que están fuera de la verdad de las Sagradas Escrituras. Alimente sus raíces de su fe, preocupándose anhelosamente por conocer la verdadera y pura verdad, que se encuentra en el Libro de Dios.

La vida de Cristo es el fundamento fuerte, para que sus raíces sean profundas. La fe es tan fuerte y fundamental, que encontré 139 textos que le hablan profundamente como las raíces del Bambú para que crezcamos en ella. La fe, nos da confianza, es creer, es fidelidad, obediencia y seguridad, qué raíz más profunda. La fe es vida espiritual abundante como manantiales. *«He aquí que aquel cuya alma no es recta, se enorgullece; mas el justo por su fe vivirá».* (Habacuc 2:4).

Los discípulos se alimentaban de la raíz y aun así se les llamó hombres de poca fe. *«Él les dijo: ¿Por qué teméis, hombres de poca fe? Entonces, levantándose, reprendió a los vientos y al mar; y se hizo grande bonanza».* (Mateo. 8:26). Rogaron un día a Jesús auméntanos nuestra fe. *«Dijeron los apóstoles al Señor: Auméntanos la fe».* (Lucas 17:5). Sin fe no podemos esperar al Nazareno que ante la mirada atónita de los discípulos ascendió a los cielos, qué miserables seríamos. *«Y si Cristo no resucitó, vana es entonces nuestra predicación, vana es también vuestra fe».* (1ª Corintios 15:14).

Al final del sendero que nos llevará a morar con Cristo en los cielos, será, sin duda alguna, la alimentación que le demos a nuestra fe. Que nuestras raíces sean como el bambú, o como el bíblico figurativo árbol de mostaza. *"Aquí está la paciencia de los santos, los que guardan los mandamientos de Dios y la fe de Jesús».* (Apocalipsis 14:12).

LOS CLAVOS

Qué curioso tema, pero muy significativo, los clavos están hechos de acero y de otros metales, dependiendo de su grosor así será la durabilidad que tendrán para lo que se usen.

En una de las navidades, era una pequeña niña de escasos siete años, un 24 de diciembre jugaba con mi primo y mi hermana, y en una de tantas corridas se me metió un clavo en mi pequeño pie. El dolor era insoportable, e inmediatamente me llevaron a la Cruz Roja de mí ciudad natal. Me curaron y aun así se me infectó la herida, como dice la canción pase una amarga navidad.

Ignoro si Noé en la construcción del arca usó clavos, si ya existían, la Biblia no da detalles que no son de trascendencia. Pero según Génesis 4:22 nos deja la incógnita. *«Y Zila también dio a luz a Tubal-caín, artífice de toda obra de bronce y de hierro...»*

Lo cierto es que los clavos son de mucha utilidad en una construcción. También los usan los Médicos Ortopedas para poder consolidar una fractura o fijar una articulación. Evidentemente, estos clavos de uso para el cuerpo humano, son hechos de un material especial.

Poner clavos a una persona con el fin de torturarla era lo que usaban para los delincuentes. No cabe duda que era una muerte lenta y con mucho dolor. El Nazareno sin pecado como lo describe el profeta Isaías. *«Despreciado y desechado entre los hombres, varón de dolores, experimentado en quebranto; y como que escondimos de él el rostro, fue menospreciado, y no lo estimamos».* (Isaías 53:3).

Un hombre que solamente había hecho bien, experimentó una muerte durísima sin merecerla. Usaron tres clavos para prensarlo en un madero. Yo con una pequeña rozadura de un clavo, me fue suficiente para no levantarme varios días.

Nuestro Señor fue clavado de sus manos y de sus pies, no con un clavito para que traspasase la piel, sino con enormes clavos para que quedara incrustado firmemente en el madero. Tales clavos tenían que ser de un tamaño considerable a fin de asegurar el cuerpo y una muerte tremendamente dolorosa.

Yo no puedo ser fuerte al describir y escribir este sufrimiento de Cristo con tres enormes clavos en Su cuerpo. Espero que usted al leer este artículo, le suceda lo mismo, tan solamente para vivir eternamente agradecido con el Nazareno.

Qué impresión más fuerte se llevaron aquellos que habían sido parte de golpear con el martillo o con lo que fuese, a Jesucristo, al escuchar al apóstol Pedro decirles: *«Sepa, pues, ciertísimamente toda la casa de Israel, que a este Jesús a quien vosotros crucificasteis, Dios le ha hecho Señor y Cristo».* (Hechos 2:36).

RESCATADO

El equipo de fútbol Los Jabalíes Salvajes, como se hacían llamar los 12 niños tailandeses y su entrenador, quienes quedaron atrapados en una cueva después de su entrenamiento cuando se dirigían a explorarla, sin percatarse de una fuerte lluvia que caía la cual la inundó. Esto sucedió el 23 de junio de 2018.

Allí se mantuvieron por más de dos semanas, esperando la providencia de Dios, llegando así varios buzos, uno de ellos en su buena hazaña perdió la vida. Sufrieron soledad, la oscuridad, el hambre, la falta de calidez de sus familias, y la incertidumbre si los iban a ver de nuevo; esta pesadilla duró 18 días hasta que fueron rescatados.

Es muy fácil leer lo que les pasó a estos jovencitos, dejaríamos de tener un poquito de humanidad sino hiciéramos una buena pausa, y pensar si hubiera sido uno de mis hijos. Vale la pena que elevemos una oración por la vida y la seguridad que ahora tienen estos muchachos.

Qué pasó por la mente de las madres, de los padres, de sus hermanos. El primer día a lo mejor pensaron, ¡ya regresarán!, No quiero seguirme imaginando, pues como madre, es un episodio que nunca quisiera pasarlo.

Sin embargo, quiero llegar a sus mentes y que pensemos de nosotros sí hemos sido rescatados del pecado, cómo es que pudo darse este rescate. No fue un Hombre cualquiera que nos rescató, sino que fue un Rey que tomó la decisión de ser como uno de nosotros para que pudiéramos aceptarlo.

Para nosotros no había muchos buceadores o muchas personas interesadas en rescatarnos de una tormenta, sino de algo peor como lo es el pecado. El pecado que es la separación de Dios con el hombre, dando inicio en el jardín de Edén.

Desde que comenzó a poblarse la tierra, Dios ha intervenido en rescates diversos. David en una de sus pláticas con Dios, exaltándolo por lo bueno que se había mostrado con él. *«¿Y quién como tu pueblo, como Israel, nación singular en la tierra? Porque fue Dios para rescatarlo por pueblo suyo, y para ponerle nombre, y para hacer grandezas a su favor, y obras terribles a tu tierra, por amor de tu pueblo que rescataste para ti de Egipto, de las naciones y de sus dioses».* (2° Samuel 7:23).

Pero mi intención es ahondar, y que todos podamos doblar nuestras almas en señal de gratitud por una gracia inmerecida. El buzo del rescate de los jovencitos tailandeses dio su vida por salvarlos, así como muchos que mueren por la patria. Sin embargo, la trascendencia que tuvo el rescate de nuestra vida nos deja sin aliento. *«Porque el Hijo del Hombre no vino para ser servido, sino para servir, y para dar su vida en rescate por muchos».* (Marcos 10:45). El buzo recibió honores y fue catalogado como un héroe, y bien merecido. Mas Cristo fue crucificado, por algo que no había hecho. Simplemente se ofreció por puro amor sin esperar aplausos, u oraciones sin sentido. Fuimos rescatados de nuestra mala manera de vivir. *«...sabiendo que fuisteis rescatados de vuestra vana manera de vivir, la cual recibisteis de vuestros padres, no con cosas corruptibles, como oro o plata, sino con la sangre preciosa de Cristo, como de un cordero sin mancha y sin contaminación...»* (1ª Pedro 1:18,19).

Que nuestra vida refleje el agradecimiento profundo que realmente sentimos con cada suspiro, ya que fuimos rescatados por un Rey, pero no un rey prepotente sino un Rey humilde al cual debemos de imitar cada día. Sin ÉL estaríamos más que perdidos.

HOSPICE

Mientras cuidaba a mi madre, escuché esta palabra, soy sincera nunca la había oído. Por medio del diccionario y las redes sociales, me informé de su significado. El diccionario Grijalbo dice que es una casa donde se alojaban a los enfermos peregrinos, también que es un asilo para niños pobres y huérfanos.

El cuidado Hospice, en EE.UU. es un servicio que mejora la calidad de vida de las personas con enfermedades terminales al ayudar con el sufrimiento físico y emocional del enfermo. El cuidado Hospice ayuda a que las familias sean familias en un periodo de cambios significativo. Este cuido se le da al paciente cuando ya no tiene cura su enfermedad, y hacen que el paciente muera sin dolor.

Esto hace que los familiares no tengan más congoja de la que ya tienen, es esperar que su ser amado parta de este mundo. A pesar de todos estos cuidados fue un dolor para mí cerrar los ojos de mi madre el 21 de agosto de 2018.

El Salmista, había experimentado este dolor con su propia vida, dejándonos porciones que nos alientan el alma. *"Aunque ande en valle de sombra de muerte, No temeré mal alguno, porque tú estarás conmigo; Tu vara y tu cayado me infundirán aliento».* (Salmos 23:4).

Es una tremenda tristeza para los que piensan que en la tumba termina todo, eso no es verdad porque el espíritu que es la esencia, vuelve a Dios. Y nos gozamos porque lo mejor está por venir. Qué alentadoras palabras de Jesús. *«No se turbe vuestro corazón; creéis en Dios, creed también en mí. En la casa de mi Padre muchas moradas hay; si así no fuera, yo os lo hubiera dicho; voy, pues, a preparar lugar para vosotros. Y si me fuere y os preparare lugar, vendré otra vez, y os tomaré a mí mismo, para que donde yo estoy, vosotros también estéis»*. (Juan 14:1-3).

Qué glorioso será ese día, no hay preámbulo que lo opaque, los fieles en Cristo tenemos esperanza, mi madre y todos los que vivimos una vida de consagración, esa esperanza nos fortalece. Tendremos un hermoso despertar en el día del juicio final. *«He aquí yo vengo pronto, y mi galardón conmigo, para recompensar a cada uno según sea su obra»*. (Apocalipsis 22:12).

Mi madre nos dejó una bella historia de su vida, muy dura, ella fue muy valiente, se enfrentó a los retos, proporcionándonos lo necesario, siendo madre soltera. Su hermana menor contó algo que yo ignoraba: Cuando hablaba con ella le decía, estoy agradecida porque me diste de mamar de tus propios pechos. Yo me quedé asustada cuando escuché tal declaración. Ella siempre tuvo cuidado para sus hijos y sus hermana, ya que era la mayor de las hembras.

Dios bendiga a las madres que descansan en el Señor. *«Estimada es a los ojos de Jehová La muerte de sus santos»*. (Salmos 116:15).

DRAMA HUMANO

Efectivamente, es un drama humano la serie de caravanas que han salido para los Estados Unidos, comenzando el 13 de octubre de 2018, cuando cientos de personas de nacionalidad hondureña comenzaron a caminar, pasando por varias fronteras. Los salvadoreños, también iniciaron una caravana, y con los días estaba saliendo otra, se preparaba una tercera, y no sé cuántas más. Evidentemente que el estómago vacío, y el sustento para los hijos hace que los miedos y temores, permitan que el interior se llene de empuje para hacer algo fuera de serie.

A pesar que el famoso sueño americano ya no existe, estas personan se niegan a creerlo, experimentando en carne propia, arriesgando sus vidas y las de su familia, ya que toda persona que quiera emigrar a otro país puede hacerlo, pero en forma legal. El éxodo siempre se ha dado por circunstancias de la vida especialmente si está en peligro, pero no a la fuerza, sino respetando las leyes de otros países.

Dios con toda la potestad que tiene, permitió que personajes salieran de sus lugares de origen abandonando todo. *«Pero Jehová había dicho a Abram: Vete de tu tierra y de tu parentela, y de la casa de tu padre, a la tierra que te mostraré».* (Génesis 12:1). Aunque con la abundancia con que ellos partieron no tiene comparación con el éxodo centroamericano que se está viviendo. *«Tomó, pues, Abram a Sarai su mujer, y a Lot hijo de su hermano, y todos sus bienes que habían ganado y las personas que habían adquirido en Harán, y salieron para ir a tierra de Canaán; y a tierra de Canaán llegaron».* (Génesis 12:5).

Los que somos solo espectadores de este drama de nuestros compatriotas, solo podemos quedarnos con la espera de las noticias de cómo la van pasando, con la incertidumbre de una amenaza de un hombre que tiene poder para decirles que es en vano dicha esperanza, ya que a su país no entrarán.

Así como Abram, salió lleno de Ur de los Caldeos, se vieron en total desamparo cuando se les terminaron sus provisiones, es allí donde viven la realidad. Cayendo en mentiras para conseguir pan, olvidándose de la promesa de Dios. *«Hubo entonces hambre en la tierra, y descendió Abram a Egipto para morar allá; porque era grande el hambre en la tierra».* (Génesis 12:10).

Nuestros hermanos centroamericanos, han sido también favorecidos por las personas que han salido a su encuentro a darles algo para continuar su sueño, el cual cada vez se desvanece. Es fácil decir, mejor comer tortilla con sal, pero juntos, como humanos todos tenemos un sueño, para mejorar nuestro nivel de vida. Pero hay que tener ordenado nuestro éxodo, para no pasar los desatinos que la vida nos presenta en el camino.

Moisés, el hombre que fue usado por Dios para sacar a todo un pueblo de Egipto, tuvo que tener una larga plática con Dios para enfrentarse al gigante de una mega caravana que tenía que guiar, hasta un lugar destinado que era la tierra prometida. *«Partieron los hijos de Israel de Ramesés a Sucot, como seiscientos mil hombres de a pie, sin contar los niños».* (Éxodo 12.37).

Estados Unidos de América, no es la tierra prometida, será una de las cuales terminará destruida en el gran día del juicio final. Por supuesto siendo salvos eternamente los cristianos obedientes vivos o muertos, así como los cristianos fieles de todas las naciones.

La migración siempre ha existido, pero en todos los países existen leyes y reglas que hay que respetar a fin de poder entrar teniendo como régimen La Constitución Política de cada una de las naciones. Por supuesto, los cristianos, las iglesias de Cristo de todas las naciones, requiere que oremos por esta multitud de personas que ya han tomado esta decisión. Oremos para que Dios aplique Su misericordia en ellos en todo aspecto y en todo momento, por esos niños que no son más que obedientes a lo que sus padres han decidido.

Hago énfasis en esta verdad de Dios. Para entrar al cielo que es el destino de todo cristiano fiel, también existe un requisito incambiable por el Señor el cual es la FIDELIDAD A LOS MANDATOS DE DIOS. *«Mas nuestra ciudadanía está en los cielos, de donde también esperamos al Salvador, al Señor Jesucristo; el cual transformará el cuerpo de la humillación nuestra, para que sea semejante al cuerpo de la gloria suya, por el poder con el cual puede también sujetar a sí mismo todas las cosas».* (Filipenses 3:20,21).

LA SANGRE

Me gusta en lo personal ir a la Cruz Roja de mi país y donar mí sangre, allí me doy cuenta cuán necesario es que los bancos de sangre estén abastecidos por ese vital elemento del cuerpo humano. En todos los hospitales, si alguien va a ser sometido a una cirugía, le piden al menos dos donantes, a fin de ir sustituyendo la que va a ocuparse en el paciente.

¿Qué es la Sangre? En una información encontré que, es un líquido de color rojo en los vertebrados, que impulsado por el corazón circula por los vasos sanguíneos del cuerpo de las personas y animales, transportando oxígeno, alimentos y productos de desecho.

Muchas personas tienen temor en donar su sangre, piensan que se van a morir, o que les vendrá una grave enfermedad, hay tantos tabúes al respecto de donar sangre. Siempre es buena una limpia información, pues si usted dona, esa sangre la recupera en dos horas. Tomando líquidos, la parte celular se recupera en el transcurso de unas semanas. Es imprescindible que usted esté en condiciones saludables óptimas para poder ser un donante altruista.

En la Palabra de Dios encontramos a una mujer enferma por la pérdida de este líquido en el cual está la vida. *«Porque la vida de la carne en la sangre está».* (Levítico 17:11). Si esta mujer acudió a Jesús para que le sanase, era porque comprendía que ÉL era la vida; más adelante quedaría más clara la evidencia cuando Cristo derramó su sangre por ella.

Una persona sin sangre es un cadáver, el médico Lucas nos lo dice. Puedo imaginarme a esa mujer, pálida, sin fuerzas, pero su gran necesidad le hizo arriesgarse a ser indiferente ante la multitud, solo arrastrándose pudo tocar el borde de la túnica de Jesús, logrando que él se estremeciera ante tanta entrega. *«Pero una mujer que padecía de flujo de sangre desde hacía doce años, y que había gastado en médicos todo cuanto tenía, y por ninguno había podido ser curada, se le acercó por detrás y tocó el borde de su manto; y al instante se detuvo el flujo de su sangre».* (Lucas 8:43,44).

Con todas sus fuerzas, ya sana, pudo ella declarar ante todo el pueblo una relevante verdad. *«Entonces, cuando la mujer vio que no había quedado oculta, vino temblando, y postrándose a sus pies, le declaró delante de todo el pueblo por qué causa le había tocado, y cómo al instante había sido sanada».* (Lucas 8:47). Estaba muerta desde hacía doce años, y en un instante quedó sana.

La sangre es tan importante para mantenernos con vida, al hacernos donantes altruistas, salvamos una vida. Sin embargo, nuestro amado Señor Jesucristo con Su Sangre que derramó una vez y para siempre, salvó a todo el mundo. Para que se haga efectiva esa vida, usted tiene que ser una persona que se somete a obedecer Su plan de salvación, y serle fiel hasta la muerte. *«... ¿cuánto más la sangre de Cristo, el cual mediante el Espíritu eterno se ofreció a sí mismo sin mancha a Dios, limpiará vuestras conciencias de obras muertas para que sirváis al Dios vivo?»* (Hebreos 9:14).

PUERTA DE EMERGENCIA

En uno de mis viajes aéreos, me ubicaron justo donde está situada una de las puertas de emergencia. Cuando me senté me dijo el sobre cargo, usted será nuestra heroína en caso pasare algo mientras volamos, le ruego lea esta tarjeta, y cuando termine nos llama.

Comencé a leer las instrucciones, e inmediatamente me di cuenta que tenían que moverme, pues no reunía los requisitos, yo soy operada de mi columna, y esa era una buena recomendación para no ocupar ese asiento. Una puerta de emergencias es exactamente lo que su nombre significa, es especial, y se usa en casos de cualquier situación que lo amerite.

Los seres humanos contamos con una puerta de emergencia para nuestra condición de pecado. Gracias a la entrega de Su vida de nuestro Salvador Jesucristo, todo ser humano tiene a la disposición esta puerta, la diferencia es que ésta no se usa solo por un momento o por catástrofe, se usa para permanecer en ella. *«Yo soy la puerta; el que por mí entrare, será salvo; y entrará, y saldrá, y hallará pastos».* (Juan 10:9).

Tenemos la figura que usa Cristo para enfatizarnos por cuál puerta queremos entrar, haciendo énfasis que la puerta estrecha, conlleva lucha, esfuerzo y determinación. *«Esforzaos a entrar por la puerta angosta; porque os digo que muchos procurarán entrar, y no podrán».* (Lucas 13:24). Para todos los que omitan la puerta que es Cristo, y que solamente por ella podemos alcanzar victoria, se nos enfatiza que no podrá colarse porque ÉL estará delante de la puerta como un gran Juez, y sabrá por qué no será digno de entrar. Enfatizo, no hay otra puerta, ni mucho menos un ser humano, que nos pueda llevar al cielo. *«Hermanos, no os quejéis unos contra otros, para que no seáis condenados; he aquí, el juez está delante de la puerta».* (Santiago 5:9).

Si hacemos oídos sordos al llamado de urgencia de usar la puerta de emergencia haciendo caso omiso al llamado de Cristo, ésta es la respuesta de lo que usted es. *«De cierto, de cierto os digo: El que no entra por la puerta en el redil de las ovejas, sino que sube por otra parte, ése es ladrón y salteador»*. (Juan 10:1).

Pero el que usa la verdadera puerta tiene un nombre diferente. *«Mas el que entra por la puerta, el pastor de las ovejas es. A éste abre el portero, y las ovejas oyen su voz; y a sus ovejas llama por nombre, y las saca»*. (Juan 10:2,3).

Escudriñemos la preciosa Palabra de Dios y gocemos la verdadera puerta. *«He aquí, yo estoy a la puerta y llamo; si alguno oye mi voz y abre la puerta, entraré a él, y cenaré con él, y él conmigo»*. (Apocalipsis 3:20).

EL QUE AMAS ESTÁ ENFERMO

Mantengo una lista de hermanos(as) en oración, sus peticiones son diversas, pero las que más abundan son por enfermedades. Además, es un deber orar los unos por los otros, y para mí es una bendición el que me pidan que ore por algo especial.

Algunas peticiones me rompen el alma, pues saber que padecen una enfermedad de las muchas graves que ahora existen, y luego no se ha encontrado cura alguna.

Pero también existen otros dolores del alma que son más duros que una enfermedad del cuerpo, como lo es el mancharle la vida de ministerio a un siervo de Dios, es un sufrimiento conjunto, pues dañan a su familia y a los cristianos fieles, o sea el Cuerpo de Cristo.

Satanás es un huracán de categoría intensa, arrastra y despedaza, a tal grado que, dentro de los escombros, nos paramos y nos preguntamos por qué pasó todo esto, así como lo que sufrió Job en un solo día. Pienso que tanto la primera noticia, como la segunda y tercera, no dobló tanto a Job como cuando le dieron la cuarta. *«...y un gran viento vino del lado del desierto y azotó las cuatro esquinas de la casa, la cual cayó sobre los jóvenes, y murieron; y solamente escapé yo para darte la noticia»*. (Job 1:19).

Siempre dentro de la iglesia, habrá algunos lobos, y el ministro haciendo su buen trabajo, en cuestión de minutos, ellos se lanzan sobre él, con palabras mal intencionadas, que destrozan su vida y ministerio, la de su familia y la iglesia. La Sagrada Escritura nos lo advierte, ya el apóstol Pablo lo sufrió, y a la vez nos lo indica. *«Alejandro el calderero me ha causado muchos males; el Señor le pague conforme a sus hechos»*. (2ª Timoteo 4:14).

Esta es una enfermedad que abarca a todas las ovejas fieles. Nuestro buen Dios, acude de inmediato, a auxiliar a su hijo que está enfermo del dolor más profundo que puede experimentar un verdadero siervo de Dios.

Cristo sanó a muchos porque era una de las maneras que creyesen en ÉL, pues nadie podía con solamente imponer las manos sanar, ya que con solo pronunciar eres sano, también a veces preguntaba, ¿Quiéres ser sano? Pero en el caso del que amaba, el que era su amigo, y la comarca sabía de su amistad con Lázaro, por eso al ir a buscarle le dicen: *«Enviaron, pues, las hermanas para decir a Jesús: Señor, he aquí el que amas está enfermo»*. (Juan 11:3).

Hoy gozamos de esa amistad y de ese gran amor, ÉL sabe cuándo estamos enfermos, cuál es mi enfermedad. Convirtámonos en llevar a Dios todas nuestras necesidades en oración por todos los que nos piden que oremos por ellos, y agradezcamos la confianza que deposita la hermandad en pedirnos que oremos por ellos.

Me siento muy comprometida y a la vez muy agradecida por permitirme orar por cada uno de ellos. Oro por los ministros, para que sean cuidadosos en desempeñar el ministerio, aun así, serán dañados por los parientes de Judas Iscariote.

VALORA LO QUE DIOS TE DA

En esta época de la globalización mundial, y de la avanzada ciencia, y por qué no decirlo la invasión de la era cibernética, donde todo o casi todo tiene una solución mucho más fácil. Nos encontramos perdidos en tantos caprichos y deseos, que para algunos son de fácil complacencia. Empezamos en que ya el niño ya no tiene que batallar tanto para saber cuánto es 2+2 o multiplicar 4x4, porque el celular trae incorporado todo este proceso.

Esta comodidad tan extraordinaria nos permite ver las cosas, con una simpleza natural. Y es que no hay responsabilidad, ni culpabilidad de nadie, pues lo que ahora es el pan del día a día, vivir sin afán de una tarea.

Aun así, todo este cambio en nuestro planeta tierra, tiene un valor, en el cual cada persona tiene que aprender a cuidar y a darle su valor, porque con facilidad se puede restituir. Las empresas tienen que valorar a sus obreros, ya que estos con la tecnificación son efectivos. Y los empleados deben valor el sistema que les ayuda a obtener sus necesidades básicas.

No saber valora es una tremenda insensatez, el proverbista nos dice algo sobre la insensatez. Amigo o hermano, valora lo que tienes y disfrútalo. *«La insensatez del hombre tuerce su camino, Y luego contra Jehová se irrita su corazón»*. (Proverbios 19:3).

Existieron hombres que no valoraron lo que Dios les había dado. A Salomón, el hombre más sabio en su tiempo, no valoró la sabiduría que Dios le había dado. *«Y Dios dio a Salomón sabiduría y prudencia muy grandes, y anchura de corazón como la arena que está a la orilla del mar».* (1° Reyes 4:29). Fue un tremendo desperdicio y falta de sensatez la que cometió al no valorar lo que Dios le había dado.

Ese craso descuido de irresponsabilidad lo llevó a lo más bajo de su condición de rey, convirtiéndolo en un juego desagradable y abominable ante los ojos de Dios. Una sola mujer vuelve loco a un hombre, este hombre llegó al extremo de convertirse en un pelele de las mujeres. *«Y tuvo setecientas mujeres reinas y trescientas concubinas; y sus mujeres desviaron su corazón».* (1° Reyes 11:3).

Al ver Dios que Salomón, no había valorado lo que Él le había dado, lejos de eso lo defraudó, lo ofendió a un extremo que Dios le quita lo que le dio. *«Y dijo Jehová a Salomón: Por cuanto ha habido esto en ti, y no has guardado mi pacto y mis estatutos que yo te mandé, romperé de ti el reino, y lo entregaré a tu siervo».* (1° Reyes 11:11).

Qué le ha dado Dios a usted, qué me ha dado a mí. Nos dio hermanos y amigos, la capacidad de reconciliarnos. Porque sin Dios no tenemos un nombre, viviríamos errantes en un mundo que nos ofrece la facilidad de perdernos como Salomón.

Valoremos lo que Dios nos ha dado, nada menos, nos dio a su propio y único Hijo, para que por medio de ÉL un día por nuestra fidelidad y entrega, podamos gozarnos con ÉL que dio su vida por nosotros. *«Justificados, pues, por la fe, tenemos paz para con Dios por medio de nuestro Señor Jesucristo; por quien también tenemos entrada por la fe a esta gracia en la cual estamos firmes, y nos gloriamos en la esperanza de la gloria de Dios».* (Romanos 5:1,2).

VANO

Recuerdo bien haber escuchado esta palabra de mi abuela cuando ella ponía frijoles a coser. Observaba que sacaba todos los frijoles que flotaban. Le preguntaba por qué lo hacía, me respondía: es que estos frijoles son vanos, no sirven. Los sinónimos de esta palabra son: Inútil, infructuoso, inoperante, estéril. El diccionario Grijalbo define esta palabra como, carente de sustancia, realidad o entidad, vacío, hueco, falto de utilidad.

Muchas veces esta palabra es usada cuando no pensamos bien, cuando no existe un análisis de lo que deseamos expresar. Toda persona que habla en público, tiene que tener un análisis claro de lo que quiere dejar en la mente de sus oyentes, de lo contrario, resultará vano lo expresado.

Casi todos los políticos ofrecen en sus campañas políticas muchas cosas, y hablan muy bien, muchos son muy elocuentes, tienen una oratoria excelente que les hace ser convincentes en lo que están prometiendo. Lamentablemente, son palabras vanas, pues cuando están en el poder, la mayoría de lo que ofrecen no lo cumplen.

En la Palabra divina, encontramos que todo el que se acerca a Dios debe presentarse con una actitud diferente a los que no le conocen. No nos expongamos a ser rechazados por el Soberano. Quedamos expuestos, como una luz que nos aniquila completamente la visión si usurpamos la Omnisciencia de Dios. *«No me traigáis más vana ofrenda; el incienso me es abominación; luna nueva y día de reposo, el convocar asambleas, no lo puedo sufrir; son iniquidad vuestras fiestas solemnes».* (Isaías 1:13).

No debemos considerar con liviandad que Dios pasará por alto cualquier palabra usada en vano, hubo profetas que fueron rechazados por menospreciar la supremacía de Dios. *«El profeta que tuviere la presunción de hablar palabra en mi nombre, a quien yo no le haya mandado hablar, o que hablare en nombre de dioses ajenos, el tal profeta morirá».* (Deuteronomio 18:20).

Jesucristo amonesta tajantemente una actitud vana, de parte de su pueblo cuando no somos sinceros en honrar Su nombre. *«Respondiendo él, les dijo: Hipócritas, bien profetizó de vosotros Isaías, como está escrito: Este pueblo de labios me honra, Mas su corazón está lejos de mí. Pues en vano me honran, Enseñando como doctrinas mandamientos de hombres».* (Marcos 7:7,8).

La Palabra de Dios es consistente, todas las promesas de Dios son verdaderas, llenas de mucho poder, capaces de hacer que el ser humano crea en ÉL, porque lo que promete lo cumple. *«Jehová cumplirá su propósito en mí; Tu misericordia, oh Jehová, es para siempre; No desampares la obra de tus manos».* (Salmos 138:8).

Me llena de regocijo que siempre que haga la voluntad de Dios, ÉL me sostendrá, estaremos seguros, protegidos, cuando nuestra vida es completamente dependiente de un Dios que cuando habla, todo es verdadero y capaz de saciar, alentar a cualquier ser humano que con ansias se acerca a Él.

En uno de los tantos combates que tuvo el pueblo de Dios con sus enemigos, es decir cuando el pueblo judío era su favorito, los libró de sus enemigos, porque toda su confianza estaba puesta en Dios. *«Y aconteció que mientras Samuel sacrificaba el holocausto, los filisteos llegaron para pelear con los hijos de Israel. Mas Jehová tronó aquel día con gran estruendo sobre los filisteos, y los atemorizó, y fueron vencidos delante de Israel».* (1° Samuel 7:10).

Samuel uno de los profetas de Dios, tomó una piedra y le dio como nombre Eben-Ezer, diciendo: «*Tomó luego Samuel una piedra y la puso entre Mizpa y Sen, y le puso por nombre Eben-ezer, diciendo: Hasta aquí nos ayudó Jehová*». (1° Samuel 7:12). Una vez más queda reconfirmado que la Palabra de Dios tienes poder, y son fieles y verdaderas, son inmutables, por tal razón, mantienen la fuerza para no hundirse. No crea en palabras vanas, ni mucho menos de personas inescrupulosas en cualquier decisión que tome.

MORIR DE TRISTEZA

Imposible contener las lágrimas ante tal tema, ya que vienen a nuestra mente el dolor y la tristeza que un día pasamos y que nos marcó, a tal grado que no podemos olvidar el día, la hora, el mes y el lugar donde pasamos ese hecho inolvidable.

He vivido de todo un poco en cuanto a querer morir de tristeza. En el trabajo de la obra del Señor he pasado de todo, pero con la gran ayuda de Dios he superado cada situación difícil.

Pero el dolor más grande que pasé como madre me marcó. A una de mis hijas la intervinieron quirúrgicamente, después de su operación, ella me dijo que quería ir al baño, y cuando quiso levantarse no pudo mover una pierna, yo atribuí a que era muy reciente para moverse, traté de ayudarla para ir al baño, y cuando se levantó, se desplomó, yo no podía sostenerla. Varias de las pacientes me ayudaron. Posteriormente, la vio un Neurólogo quien diagnosticó que le habían dañado su nervio Femoral. Ese día quise morir de tristeza por la impotencia que me embargaba.

Fuimos diseñados por nuestro Creador con sentimientos los cuales manifestamos ante las situaciones que a diario vivimos. La naturaleza experimenta este sentimiento. Un Ingeniero Agrónomo me contaba en una plática sobre árboles, me dijo que los cítricos mueren de tristeza cítrica, sus manifestaciones son que van muriendo lentamente. Esta enfermedad es de origen asiático, ya los estudiosos de la Biotecnología han tomado cartas en el asunto a fin de prevenir tal enfermedad.

Al parecer la tristeza no tiene rangos sociales, ni pide permiso, se apodera y toma asiento sin ser invitada. Nuestro Salvador Jesucristo la experimentó al acercarse la hora de su muerte. Es verdad que vino al mundo con el propósito de morir, recordemos que era humano en esta parte de su ministerio. Sabía que la separación de sus doce seguidores le dolía en el alma dejarlos. Solamente pensemos en los momentos hermosos que pasaron, las sonrisas que vivieron, y la armonía con que hicieron un buen trabajo.

Las palabras están llenas de tristeza al expresarlas. La tristeza de Jesús, llegó a tal grado que se convirtió en agonía. También los apóstoles sufrieron una gran tristeza por todo lo que acontecía, en contra del Galileo. *«Y les dijo: ¡Cuánto he deseado comer con vosotros esta pascua antes que padezca! Y estando en agonía, oraba más intensamente; y era su sudor como grandes gotas de sangre que caían hasta la tierra. Cuando se levantó de la oración, y vino a sus discípulos, los halló durmiendo a causa de la tristeza...»* (Lucas 22:15,44,45).

En medio de su propia tristeza tenía la valentía para suavizar lo que sentían sus discípulos. De igual manera, en cada capítulo de tristeza que padezcamos mientras ÉL no viene por su iglesia, encontraremos, un ungüento de amor de parte de ÉL. *«De cierto, de cierto os digo, que vosotros lloraréis y lamentaréis, y el mundo se alegrará; pero, aunque vosotros estéis tristes, vuestra tristeza se convertirá en gozo»*. (Juan 16:20). Las palabras y acciones de nuestro Señor son verdaderamente reconfortantes en todo momento que la tristeza nos embarga.

FIN

Me agradaría recibir noticias suyas.

Apreciare mucho sus comentarios acerca de mi segundo libro, por favor envíelos a la dirección de correo electrónico: **silviacaste@gmail.com**

Con amor en Cristo;

Silvia Castellanos

ACERCA DE LA PORTADA

«Cultivo una rosa blanca
En junio como enero
Para el amigo sincero
Que me da su mano Franca»

Hermoso poema, de José Martí, que nos impulsa a cultivar una amistad sincera.

*La portada del libro **Cultivando El Alma Tomo II**, son dos hermosos y frondosos árboles de **Laurel de la India**, yo los sembré muy pequeñitos hace 30 años, con paciencia fui uniendo sus ramas cuando se erguían en pleno crecimiento hasta forma el hermoso arco que adorna y embellece la portada de mí segundo libro.*

ESPACIO EN BLANCO PARA NOTAS

Made in the USA
Columbia, SC
27 July 2024

39437894R00098